JN155358

多田富雄のコスモロジー

科学と詩学の統合をめざして

多田富雄
藤原書店編集部 編

藤原書店

はしがき

名著『免疫の意味論』で知られる多田富雄さんが、この世を去られて早や六年の歳月が過ぎようとしている。多田さんが、二〇〇一年に脳梗塞で倒れられてから最も情熱を傾けたのは、「自然科学とリベラルアーツを統合する会」(Integration of Natural Sciences and Liberal Arts, ＩＮＳＬＡ)の活動であった。

その「設立趣意書」に、「ますます細分化した科学は、自分の位置さえわからぬまま急速に進んでいる。そこには紛れもない夢と実益が含まれているが、潜在的危険も孕んでいることは今さらいうまでもないだろう。(略)『科学の知』は、振り返ることがない故に、大きな進歩を可能にしてきたのである。科学の問題点を解決出来るのは、『科学の知』と『人文の知』の統合だけである。広い意味での教養、『リベラルアーツの知』がなければならない」とある。

その第三回講演会「日本の農と食を考える」(二〇一〇年四月十一日)に際し、東大安田講堂の壇上で、冒頭トークマシーンであいさつを読み上げられた一〇日後に逝去された。

今年は七回忌。この春には、未上演の新作能『生死(しょうじ)の川——高瀬舟考』が上演され、藤原書店から「多田富雄コレクション」が刊行されることになった。そのコレクションのさきがけとして、免疫学者であるとともに、エッセイストであり詩人であり能作者という多才な顔を持つ多田さんの全貌を鳥瞰する本を編むことにした。

多田さんの詩人としての感性は、重篤な脳梗塞に冒されつつも新しい能作品を生み出す原動力にもなった。

また、科学者としても実験と分析という方法を超えて、「感性と想像力を駆使して、はるかな眼差しでものを見る」ことで、まさに科学と詩学の統合が目指された。それによって免疫学という科学の新しい「自己」と「非自己」の知見から、「スーパーシステム」という概念を作り出し、人間にとっての永遠の問いかけである「自己とは何か」という哲学の領分にまで新たな視座をもたらすことが出来たのである。

本書を通じて、〝知の巨人〟多田富雄という存在を、次世代に伝え継承する種と土壌が作られ、これから刊行される「多田富雄コレクション」の入り口になれば幸いである。

二〇一六年四月

藤原書店編集部

多田富雄のコスモロジー　目次

はしがき　I

新しい赦(ゆる)しの国　10
自然科学とリベラルアーツを統合する会（ＩＮＳＬＡ）　14

Ｉ　免疫学と生命

対談　スーパーシステムとゲノムの認識学　中村桂子／多田富雄　29
ファジーな自己——行為としての生体　58
利己的ＤＮＡ　67
生命のアイデンティティー　72
都市と生命　79
あいまいな私の成り立ち　84

多田富雄さんのこと 1
『免疫の意味論』をめぐって　**松岡正剛**　109

II 能と現代

新作能　一石仙人 …… 121
異界からの使者たち …… 143
右能と左能 …… 147
能の舞とＤＮＡ …… 149
キメラの肖像——美術展「真昼の瞑想」によせて …… 152
能の本を書く事——世阿弥の『三道』をめぐって …… 160
能楽二十一世紀の観点 …… 164
新作能『不知火』——能を超えた能 …… 168
白洲さんの心残り …… 171
山姥の死——鶴見和子さん …… 177

多田富雄さんのこと 2

孤城　**石牟礼道子** 181

III　自分という存在

遠い夏の日の川 …… 189
二つの母校 …… 197
戦後初めての少年 …… 200
わが青春の小林秀雄 …… 203
ラリマー・ストリート …… 207
オール・ザ・サッドン …… 217
花に遅速あり …… 220
理想の死に方 …… 224
患者から見たリハビリテーション医学の理念 …… 227
生命と科学と美——理科が嫌いな中学生の君へ …… 241

多田富雄 略年譜（1934-2010） 253
多田富雄 主要著作一覧 259
底本一覧 264

各部扉写真撮影　宮田均

多田富雄のコスモロジー

科学と詩学の統合をめざして

新しい赦し(ゆる)の国

帰ってきた老人は
棘のある針槐(はりえんじゅ)の幹にもたれ
髭だらけの口を開いた
無意味に唇を動かし
海鳥の声で
預言者の言葉を呟いた

海は逆立つ波に泡立ち
舟は海に垂直に吸い込まれた
おれは八尋もある海蛇に飲み込まれ

腸の中で七度生まれ変わり
一夜のうちにその一生を過ごした
吐き出されたときは声を失い
叫んでも声が出なかった

おれは飢えても
喰うことができない
水を飲んでも
ただ噎せるばかりだ
乾燥した舌を動かし
語ろうとした言葉は
自分でも分からなかった
おれは新しい言語で喋っていたのだ

杖にすがって歩き廻ったが
まるで見知らぬ土地だった

真昼というのに
満天に星が輝いていた
懐かしい既視感が広がった
そこは新しい赦しの国だった
おれが求めていたのはこの土地なのだ

おれの眉間には
明王の第三の眼が開き
その眼で未来を見ていた
未来は過去のように確かに見えた

おれの胸には豊かな乳房
おれの股座(またぐら)には巨大なペニス
おれは独りで無数の子を孕み
母を身篭らせて父を生む
その孫は千人にも及ぶ

その子孫がこの土地の民だ
おれは新しい言語で
新しい土地のことを語ろう
昔赦せなかったことを
百万遍でも赦そう

老いて病を得たものには
その意味がわかるだろう
未来は過去の映った鏡だ
過去とは未来の記憶に過ぎない
そしてこの宇宙とは
おれが引き当てた運命なのだ

自然科学とリベラルアーツを統合する会（ＩＮＳＬＡ）

設立趣意書

　ますます細分化した科学は、自分の位置さえわからぬまま急速に進んでいる。そこには紛れもない夢と実益が含まれているが、潜在的危険も孕んでいることは今さらいうまでもないだろう。二十世紀に発した核技術はいまだに制御できないばかりか、ますます脅威を深めながら私たちの前に立ちはだかっている。人間の欲望と結びついた科学技術は地球環境を破壊し、二十一世紀に最大の人類の問題となって持ち越された。遺伝子操作、生殖工学は、新しい医療技術を提供する可能性をもたらしたが、一方、一歩間違えれば人類の尊厳を破壊する恐ろしさを持っている。同じく資本と結びついた科学研究は人間性と乖離し、科学研究費の不公正な配分は科学者の人格を破壊している。

　しかし、私たちは科学に大きな希望を託している。科学の進歩はとどめることが出来ない。科学や技術の進歩に必然的に含まれる光と影は、当事者である科学者だけでは解決できない。「科学の知」は、振り返ることがない故に、大きな進歩を可能にしてきたのである。科学の問題点を解決出来るのは、「科学の知」と「人文の知」の統合だけである。広い意味での教養、「リベラルアーツの知」がなければならない。

一方、文化や社会の問題を客観的に眺めるためには、「科学の知」を取り込んだ分析が必須である。したがっていずれの場合でも自然科学とリベラルアーツをアマルガメートした知が必要となろう。現代の問題点は、「より深い」、「より広い」、「より遠い」視野を持った複眼的思考を基にして考えることが必要である。

このような観点から、理系の研究に携わっている者と、文系の仕事に従事している人が、フリーに交流できる場を作り、科学の問題を文学、演劇、音楽等の芸術媒体で表現、理解する試みや、文化、社会の問題を科学の目で解明する試みを支援するために、「自然科学とリベラルアーツを統合する会(Integration of Natural Sciences and Liberal Arts, INSLA)」を発会する。

この会は、当面会議などは持たない。会員の提案によって、趣旨に合致した事業を計画し実行してゆく。会費は当面無料とし、個人と団体からの寄付によって運営する。事業の計画、討論、報告はすべてネットで行うという実験的運営をする。会員はしばらくの間は、実行委員と賛同者の推薦のみによる。

二〇〇七年春

INSLA代表　多田富雄

第一回講演会「鳥インフルエンザの恐怖——文明論的考察」あいさつ

今日はお忙しいところをお集まりいただいてありがとうございます。

私は「自然科学とリベラルアーツを統合する会」の代表、多田富雄です。六年前に脳梗塞で右半身の完全な麻痺と、言葉の自由を失いました。このようなお聞き苦しい電子音でご挨拶することをおゆるしください。

会の趣旨などは、お配りした趣意書にありますからごらんいただければいいのですが、どうしてこんな会を発足したか、また、具体的にどんなことをするかについておおよそをお話しし、質問があれば実行委員のメンバーに説明していただくことにいたします。

もともと私は免疫学の研究者です。毎日二十日鼠に抗原を注射し、どんな免疫反応が起こるかを胸ときめかして調べてきました。科学というのはそれで充足したものと思ってきましたが、定年を迎え、ちょっと現場から離れた視線で見ると、科学の問題は科学の視点だけでは解決できないことに気づいたのです。私は『免疫の意味論』と『生命の意味論』という著書で、科学の成果の意味、インプリケーションを探る試みをしましたが、それだけではすまないことに気づきました。

今、科学者は、行きすぎた成果主義の結果、研究費をとるためだけの研究に憂き身をやつし、本当に自分が何をやりたいか、何が問題なのかを、真剣に考える機会を失ってしまいました。あなたの科学者としての夢は何なのですか、と聞かれて、答えられる研究者は少なくなったのです。理念のない研究者が跋扈していることは、結構危険なことです。

そうなったのはなぜか。科学の成果は自立的に次の成果を呼び出します。そして次々にオートマチックに流れを作っていくのです。全体を見る目はますます希薄になってゆきます。何をやっているかもわからずに、単に流れに身を任すだけになるのです。結果は、単なる競争のためだけの世界になってしまいます。危険なことです。

生物学の世界でも、研究のコンセキエンスは、生物学の中だけにはとどまりません。環境、生存、共生、経済活動、などに関わる問題を考えないわけにはいきません。

医学研究では、生命倫理、問題が生じたときの人類の行動様式、夢と現実など、広範な理解がないと危ない状況が続いています。その中には、再生医学、生殖医学、移植、脳研究などが含まれています。物理、化学などはいうまでもないことです。巨大資本と結びついて、戦争に直結する危険と隣り合わせです。科学者は重い責任を持っていることを、忘れてはなりません。

私たちが、そのすべてを解決しようなどというわけではありません。むしろ、そうした問題を包括的に考え、表現してゆく環境を作ろうと、この「自然科学とリベラルアーツを統合する会」INSLAを立ち上げることにしたのです。ここでは、科学の成果を、広い意味での「人文」の目で眺め、それを言葉で訴えるだけでなく、芸術、文化の活動とつなげて発信することを考えています。また文化現象を最新の科学の目で見直し、新しい視点を創造することも大事な活動です。

そうすることによって、現代の問題を「より深い」、「より広い」、「より遠い」視野を持った複眼的思考を基に、再構築したいというのがこの会を作った理由です。

たとえば、今日開かれる第一回ＩＮＳＬＡ講演会の「鳥インフルエンザの恐怖」では、いつかは必ず襲ってくる鳥インフルエンザの流行に関する、最近の分子生物学的研究成果を、これまでの歴史的疫病の流行の際に見られた人間の行動様式と比較し、そこに関わる都市構造の問題などウイルス学の問題を文明論的に討論します。こういう捉え方は従来の生物学ではなされませんでした。

「沖縄残月記」は、沖縄戦の悲劇を描いた私の新作能の一部を、謡と囃子で試演するものですが、これは来年に沖縄の平和記念館などで上演されることを希望しています。

また、アインシュタインの相対性原理と平和思想を題材にした「一石仙人」は、一昨年の世界物理年には、日本委員会のオフィシャルイベントとして上演されたものですが、本年十月十八日には、このＩＮＳＬＡの会の製作によって、京都の教王護国寺、つまり、東寺で上演されます。アインシュタインの時空という、現代物理学の宇宙論が、密教の曼荼羅の世界観と出会う、歴史的なイベントになると思います。またこの能は二〇〇八年には、ボストンのハーバード大学、ＭＩＴなどの科学者にも見せるために、アメリカにわたる予定です。その実現のために、今年四月に、ボストンでＭＩＴはじめ六つの大学や日本語学校において能のワークショップを行いました。またこの秋にも、ボストン美術館などで能のワークショップを行う予定です。

そのほか能の活動としては、八月九日の長崎被爆の日に、私の新作能「長崎の聖母」がグレゴリー聖歌隊の参加を得て渋谷のセルリアン能楽堂で上演されます。間接的ですが科学者の戦争責任を問うています。初演は昨年浦上天主堂で絶賛された能です。

また多田の作品「横浜三時空」の初演も、本年九月八日に横浜能楽堂で行われます。現代と古代、さらに神話の世界を自在に行き来する能です。この会のメンバーでもある、横浜のＮＰＯ法人ケンタウロスの製作です。

こうした活動は、会員の提案を実行委員が審査して決めています。別に能の上演に限りません。私が、能のほかには能がないからと言うだけです。

科学の活動としては、来年の第二回の講演会には、IgEの発見で名高い石坂公成先生ほかの講演に加えて、若手研究者が研究に立ち向かうべき態度、そして研究の哲学を聞くシンポジウムも企画されています。若手の研究者に、活を入れる会になると思います。

会員は、ネットで登録し、情報もネット発信に頼ることにしました。ＩＮＳＬＡのホームページは印刷物に示したとおりです。

今のところ、会費は、有志の方が拠出した寄金によって運営しますが、今日も受付でご寄付を集めています。どうかご協力ください。

しかし事業にはお金がかかります。皆さんにおかれましても、補助金や寄付金の可能性についての情報をお知らせくださるよう、お願い申し上げます。スポンサーになる企業があったらどうかお口添えくださいますようお願いします。どうかこの会の意義を広く知らせてくださいますよう、またこの会が、成功して存続できますように、皆さんのご協力をお願いします。今日はどうもありがとうございました。

（二〇〇七・六・二九）

東寺・奉納野外能「一石仙人」あいさつ

私の新作能「一石仙人」は、二〇〇三年の横浜での初演以来、四年弱の間に七回の公演を重ねてきました。新作能では珍しいことです。二〇〇六年には、この能の主人公、アインシュタイン博士が相対性原理を発見して百年を記念した、ユネスコの世界物理年が、世界各地で祝われました。それを記念して日本の世界物理年委員会では、この能をオフィシャルイベントとして取り上げ、世界中に発信してくれました。

このたび、真言密教の大本山、教王護国寺の立体曼荼羅の前で、上演の機会を得ましたことは、作者としてまことに光栄なことと、緊張しています。

もともと能は、過去、現在、未来を飛び越えて真実を語る演劇のジャンルです。この能も、過去から現れた「一石仙人（アインシュタイン）」が、時空を超えて宇宙の運命、人間存在の神秘を語り、未来のブラックホールに吸い込まれるまで、能の極限の演技に挑戦します。秋の一夜、東寺の立体曼荼羅の前で、仏教の曼荼羅の世界と現代物理学の膨張する宇宙観を重ね合わせて、宇宙の神秘と人間の運命に思いをはせるのもいいことだと思います。

今、なぜアインシュタインのことを能に書いたのか、と不思議に思われる方もあるでしょう。それは彼の理論が、私たち人類に大きな影響を与えているからなのです。何よりも、唯一の真理というものがありうるとしたら、それは彼の統一場の思考の延長線上にあるはずです。たとえば、世界に深刻な脅威を与えている核問題も、もとはといえば彼が発見した、質量はエネルギーと同じ（$E=mc^2$）という理論から導かれたものです。

熱烈な平和主義者であったアインシュタインは、この能の中で核の脅威を訴え、自戒をこめて核武装を戒めます。

それでは、相対性原理と核時代の平和という現代的テーマを、なぜ古典芸術たる能で取り上げたのか。それは、何十万光年という気が遠くなるような宇宙の、時の流れと広がりを現わすには、幻世と空蟬の世界を自在に往き来する能の表現が適していると考えたのです。もともと能は、前衛的なライブなのです。また、現代物理学の世界観が、東洋の仏教思想と、どこか相通ずるものがあるように思われたからです。

特に今回は、清水寛二師の鮮烈な演技、大倉正之助師の大鼓という息の合った組み合わせが表現する時間、空間の広がりを堪能していただけると思います。舞台もこの公演のための、建築家の岩崎敬氏による、水と光の創作です。仏教の宇宙観を表現する日本の伝統芸能と、西洋の近代物理思想の融合と対比を観ていただけると存じます。お能というものが、現代でも新しさと驚きの演劇であることが良く分かっていただけるでしょう。
普段能に接することのない人や高校生、外国の人にも、楽しんでいただけるものと信じます。

（二〇〇七・一〇・一八）

第二回講演会「地球に地獄がやってくる！――地球温暖化で何が起こる？」あいさつ

自然科学とリベラルアーツを統合する会（ＩＮＳＬＡ）は三年目を迎え、いくつかの計画を持っていましたが、現代科学の残した最大の問題のひとつ、地球温暖化の問題を、リベラルアーツの目で取り上げげました。

まず、巷間言われている温暖化の科学的裏づけの問題です。科学的真実はひとつのはずですが、このような現実問題が強いインパクトを持つときには、たくさんの俗説が世に流布されます。たくさんの俗説の本が書店に並んで、私たちはいったい何を信じ、どうしたらいいかを見失っています。だれでもいやなことには目つぶって、本当に地球温暖化は問題なのかと疑いがちです。それは、人類史からは、何度か経験したはずの滅亡のシナリオであり、それをどうやってしのいできたかを振り返りながら、問題点を考え、対策を決める必要のある問題のはずです。

第二に、温暖化地獄の受け止め方です。古人がどうしようもない災害に、どのような行動様式で対処したかを知ることは、現代人にとっても大切なことです。未曾有の災害が予想されるとき、情報はどう処理されるべきか、どう伝わるか、どのような反応が期待されるか。悩ましい問題です。

第三に、まず起こるであろう健康被害についての知識です。温暖化によって熱帯病が起こればどんな風景が予想されるのか。などの問題について専門家からお聞きし、聴衆も交えて討論する会を持つことにしました。

講演会では、この問題の専門家である、東大生産技術研究所の山本良一先生に、ＩＰＣＣ、つまり国際的に気候変動を監視している政府間のパネルで、合意している科学的事実をわかりやすく解説していただき、真実はどうであるかを教えていただきました。ついで感染症研究所の津田良夫先生に、それが現実にどう私たちの健康に影響するのかを、追加していただきました。情報科学者の公文俊平先生には、文明論的に、これが私たちの生活をどう変えるかという問題を論じていただくという構成になっています。

内容については、個別の報告に任せますが、問題の複雑さと困難さには、目を見開かれたと思います。しかし討論を通じて、この問題が十分の切実さと危機感で受け止められているとは思われませんでした。

講演に先立って、観世十郎元雅作の「歌占」の能の後半が、装束つきで演じられました。ホールのロビーを竹で区切っただけの仮設舞台でしたが、囃子方の迫力ある音に誘われて、地獄からよみがえった男（シテ清水寛二）の焦熱地獄の曲舞が目の前で舞われたのに、観客は息を呑みました。温暖化地獄を体感し、理解するのに、これほど適したイントロダクションはなかったと思います。こんなことができるのがＩＮＳＬＡの特徴であろうと思います。

聴衆は、中世の地獄の余韻のうちに、山本教授の講演を聴き、自分の問題として受け取りました。最後の総合討論では、楽観論、悲観論の活発な議論が交わされ、夜九時を過ぎても終わりませんでした。参加者は一〇〇名を越え、意義のある催しとなったと思います。

（二〇〇八・一〇・一六）

第三回講演会「日本の農と食を考える――農・能・脳から見た」あいさつ

昔々、「豊葦原の瑞穂の国」と呼ばれた古式豊かな国家がありました。言うまでもなくこれは周辺を豊かな海に囲まれ、豊かな実りと、みずみずしい、稲穂に彩られた国を象徴した古代日本語を連ねた日本語です。収穫の喜びを寿くアニミスティクな古代芸能の起源もここに認められます。これからご覧に入れます「三番叟」に代表される豊かな農耕の喜び、生の賛歌があったのはいうまでもありません。明らかにこの語源と関係があります。豊かな水資源とそれを大事にしたこの国民の創造性が、日本という国の大本を形作っていることは明らかであります。高温多湿のこの国が食物の自給率が四〇％といわれたら、砂漠の民には信じられないでしょう。

農業は日本の文化の基礎でもありました。「家にあれば笥に盛る飯を草枕たびにしあれば椎の葉に盛る」こんな豊かな感性のもとには稲作農業があったのです。それらがどんなに貧しくとも「足るを知る」寛容な日本人の、文化的適正農業道を開いてきたのです。

その伝統は、かろうじて近代の「三ちゃん農業」というかたちで、なんとか生きながらえて守られてきたのですが猫の目にたとえられる農業政策によって翻弄され、農業効率化の名の下に農協指導による計画経済に押し流され、農業が貧しいものとなり、また農薬や経済優先の農産物を食べるのが普通のことになったでしょう。

さてこういう異常な農業から見た本当の農業の未来像はどうなるのでしょうか。科学の進歩は計り知れない。近代的工業化の水耕栽培によって無限に近い生産技術が現れようとしています。しかし私には何かモンスター的な非科学テクノロジーに支配された世界の現出のように思われてなりません。農業が古代日本人の血を受けて生命のよりどころとして生活全般を指導した文化の基礎にはなりえないことは明らかでしょう。しかし逆に今こそ、現代科学の忘れようとしている総合的生活規範になるのではないでしょうか。こういう理念が様々の実現性をはらんで姿を現しつつあるのではありませんか。

農業を基礎にした文化、文明を作る方法はないのか、自然科学の智と、人文科学の智を寄せ合った「総合的知」の中で考えてみたいのです。「豊葦原の瑞穂の国」そこで何百年も培ってきた、耕す民族の約束された新しい知、それが「ＩＮＳＬＡ的知」の総合なのです。

（二〇一〇・四・一一）

INSLA 活動記録（2007 ～ 2010）

年月日	タイトル	会場	内容・出演者等
2007.6.29	第1回講演会 「鳥インフルエンザの恐怖――文明論的考察」	東京大学鉄門記念講堂	①新作能「沖縄残月記」より朗読（清水寛二・安田登・大倉正之助） ②講演（竹森利忠） 討論（竹森利忠・岩崎敬・笠井賢一）
2007.10.18	東寺・野外能「一石仙人」	東寺　講堂前特設舞台（京都）	①プレリュード「三番叟」（大倉正之助） ②新作能「一石仙人」（演出・シテ：　清水寛二、ツレ：味方玄、ワキ：　安田登、美術：岩崎敬）
2008.10.16	第2回講演会 「地球に地獄がやってくる！――地球温暖化で何が起こる？」	東京大学弥生講堂一条ホール	①能「歌占」より「焦熱地獄の曲舞」（シテ：清水寛二） ②講演「温暖化地獄」（山本良一） ③討論（山本良一・公文俊平・津田良夫・岩崎敬）
2010.4.11	第3回講演会 「日本の農と食を考える――農・能・脳から見た」	東京大学安田講堂	①〈能〉「三番叟――収穫への祈り」（野村万作／解説：笠井賢一） ②講演Ⅰ〈農〉（講演：上野川修一・生源寺眞一・本澤安治・松本明・辻彰） ③講演Ⅱ〈脳〉（講演：加藤登紀子） ④討論

I　免疫学と生命

対談 スーパーシステムとゲノムの認識学

中村桂子
多田富雄

生物学が哲学に影響する

中村　最近、また新しいお仕事をお始めになって。

多田　昨年、大学を退官してから、私はもう実際の研究の仕事はしないつもりだったんですが、一年も現場にいないと何となく落ちつかなくなって、今東京理科大学の生命科学研究所へいっていま す。六部門ほどの組織で、決して大きな研究所ではありませんが、日本には免疫の研究所がありま せんから、私は全体を免疫の研究所にしてしまおうと思って努力しているところです。

中村　名前も免疫研究所になさるんですか？

多田　いえ、名前まで変える予定はありませんが、免疫関係の若手の優秀な研究者を今世界中から集めているところです。

中村　それは楽しみですね。

多田　以前に国立の免疫研究所をつくれと、学術会議などに働きかけたこともありましたが、「学術会議、金も力もなかりけり」（笑）で全く進みませんでした。

中村　三菱化成（現・三菱化学）生命科学研究所もそのような経緯でした。江上不二夫先生が一九六〇年代後半に、生命科学という新しい研究所をつくるべきだといって学術会議でも議論をし、働きかけましたが、国立ではすぐには無理ということで、民間でとお考えになったのです。

多田　理解がありさえすれば民間の方が対応も早いし、名前にこだわらずに自由なことが出来るんですね。

中村　免疫ならまた腕が鳴っていらっしゃるのではありませんか。

多田　もう腕の方は衰えてしまいましたが、いくつかアイデアはあります。私たちのような者にとっては、実験の現場にいて考えるのが一番いいことは確かです。

中村　そうですね。我田引水になりますが、二十世紀後半の生命論としては、実験の現場のないものは、物足りないですね。

多田　おっしゃるとおりです。日本の「科学」には「哲学」がないと言われます。しかし、科学技術や経済に関する限りは先進諸国と対等にやっていますが、逆に日本の哲学は世界と本当に対等にやっているのでしょうか。日本で今、本当に哲学に寄与出来るのは何かというと、科学じゃないかと思うんです。科学がこれだけレヴェルが高くなって、その科学の最先端の現場から発言することが出来れば、それこそインターナショナルだと思います。

中村　科学者だけでなく、人文・社会系の方たちが生きものの実体をもう少し知って、生命論を闘わせてほしいという実感がありますね。

多田　そのとおりです。人文・社会系の学生には生物学を必修にすればいいと思いますね。もともと哲学が何を考えているかと言えば、人間とか、生命とか、自己とか、そういう問題でしょう。それを考える材料は生物学の方がいまはたくさんあると思うんです。しかも、生命科学が今のような新しい事態に入ってくると、生物学の現場から学ぶことが必要です。

中村　二十世紀の前半は物理学が哲学に影響を与えましたが、後半からは生物学からそういうものが出る時代になりましたし、二十一世紀は更にそうなると思います。

教育でも科学系の人が哲学を学んでいないことの欠点は指摘されていますが、その逆の指摘はあまりされていません。生命誌研究館もおかげさまで、「実験室」と、「考える場・伝える場」とが絡み合って、面白く動き始めましたので、今楽しんでいます。ただ、実験室が動き始めると日常出てくるデータが面白く、どうもそちらの方にのめり込んでしまって、全体を考えるのを今一寸休んでいるようなところです。また考え始めなくては……。

多田　事実そのものが面白い時ですからね。

日常へとつながる生物学

中村　今生物学が面白いのは、先生がおっしゃった「哲学」へつながっていく面とともに、もう一つ、

「日常」につながっていく面があることだと思うのです。

科学の始まりとなる自然を知るという作業は本来、日常の問いを解きたい気持ちから始まったと思うのです。生きものをまるごと見て感じる不思議。しかし、まるごとを総合として解くのは困難が大きかったので、生きものも機械として見ようという考え方が出て来たのを幸い、まずは分析的に見ていく。その結果、地球上の全生物に共通のＤＮＡが見つかりましたから、ＤＮＡの分析からも、生命現象の本質といえるものがかなり見えてきたと言えます。決して「生命」がわかったということではありませんが。それは、哲学の素材になると同時に、子どもがアリやチョウに関心を持った時に抱く疑問、つまり日常的なことにも、やっと少し答えられるようになってきたわけです。実は、私がいま関係している生命誌研究館では、このような状況を意識して研究対象に昆虫を選びました。ＤＮＡ研究では主として実験室で飼っているショウジョウバエやマウスを材料にしてきました。でも「日常」を意識して素材からオサムシにしたのです。これは手塚治虫さんがご自分のペンネームになさったぐらい、昆虫少年に愛されている虫です。これを選んだ理由は、一つは、博物学的によく調べられていること。下地となる情報が豊富でないとだめですから、都立大の石川良輔先生が交尾器を比較して分類され、みごとな本をお書きになっています。オサムシのミトコンドリアのＤＮＡを調べ、形や行動から出てきた分類とＤＮＡによる分類とがどう絡み合うだろうかを調べたのです。大きな分類は勿論合致しましたが、小さなところへいくとずれてくるのです。そのずれがなかなか面白い。オサムシは飛べませんのであまり遠くへ動けない。川の両岸で違っていたりするのです。そしてＤＮＡ分析の結果は一言でまとめると、オサムシは土地との結びつきが強いということです。

一例を申し上げますと、マイマイカブリという首の長い仲間のミトコンドリアのＤＮＡを分析した結果、一五〇〇万年ぐらい前に四系統に分かれた。その四系統が、北海道と東北北部、東北南部、関東・中部、近畿から西と、四つの地域にみごとに分かれて生息しているのです。日本列島が大陸から分離してきた時にはちょうどその四つの塊に分かれていたらしいのです。列島の形成がいつ頃かについては地質学でも議論があるので、一五〇〇万年という分子時計を信用すれば、一つの有力なデータになります。小さな虫が日本列島の形成を語るというので、『科学朝日』が記事にして下さったら、地質学の方から、自分の考えと合致するというお電話があったりして。その後更に詳しく調べましたら、日本列島の形成初期に多島化したのですが、小さな島への分かれ方と、オサムシの系統の違いとがみごとに一致しました。考えてみればムシは地面の上で暮らしているわけですから一致するのは当り前。人間が勝手に生物学と地質学を分けただけなのです。自然を見るということですね。学際とか融合というかけ声でなく具体的なかたちでつながりが出るというところが楽しいです。

もう一つの収穫は、愛好家がたくさんいるわけですから、そういう方たちから面白いという手紙がくるのです。そこで、四国という小さな島の中でも地域と系統分化に関係があるかというので、お手紙を下さった四国の方数人に、種類を指定して「この虫を取って下さい」というお手紙を五月の連休前に出したら、連休明けには虫が届いていた。今の生物学で言えばアマチュアですが、生きものそのものに対する深い知識を持っている方が、たくさんいらっしゃるんですね。その方たちの知恵をお借りして調べていけば……。虫を取って下さった方にしてみれば、私共でのDNA分析結果に期待していらっしゃる。実験室とフィールド、プロとアマが補い合って仕事をしていく状況が生まれ始めて、楽しんでいます。オサムシ・ネットワークと呼んでいるのです。総合化というかけ声でなく、虫を通して自ずと出来たものですから。

多田　分子進化の研究も、DNAの比較だけやって面白がっているよりも、そういう現実にみえるものとの関係という広がりが出てくるともっと面白いですね。

中村　総合化は、口で言ってもなかなか難しいし、議論のレヴェルではあまり面白くならないので、実際そういうことが出来るのは面白い。論文でもその方たちにお礼を書くので、外国雑誌に出る論文に名前が載る。なかなかいいことではないかと思っています。虫そのものが色々なことを語ったり、ネットワークをつくったり。人間がやっているのではなくて虫がやっているという感じです。

言語形成をスーパーシステムで解く

多田　実際には非常にハードな分子進化におけるDNA研究が、日常の世界で目にみえるものとそういう形でつながってくるわけですね。例えば言語の多様性とホモ・サピエンスの遺伝的な距離の関係などもなかなか興味深いですね。

中村　オサムシは、日常的なものの実体から入る話ですが、また別の方への広がり、思考を主にした広がりも確かにあり、「言語」はとても面白いですね。先日『ＤＮＡとの対話』（早川書房刊、原題・*Signs of Life*）という本を翻訳したのですが、あまりにも私の考え方と似ているので驚きました。言葉とＤＮＡを並行的に考えていくのは面白いと思い、今、「言語」に関心を持っています。私の場合、やはりＤＮＡの方を基本に、性質がわかってきているところから、ＤＮＡの持つ特徴、または構造と言語のそれとを比べてみたいのです。

多田　私もその問題を考えてみようと思って、今、文献を漁っているところなんです。私は今まで免疫系とか脳とか内分泌系などを、「スーパーシステム」と考えるということを言ってきました。それを少し広げてみると、言語の生成にゆきあたります。言語の形成は生命のスーパーシステムが出来てくる過程と非常によく似ているんです。スーパーシステムのモデルとしては、例えば個体発生がありますけれども、個体の発生の最初は、それ自身では何物でもなくてしかも万能である受精卵が、はじめはもともとの細胞と同じものをつくり出す複製を始めるわけです。そのうちにそれが多様化して、自己組織化し、自分自身のルールをつくり出していって、そして個体発生が起こりますね。それは全て一〇〇パーセント、遺伝的に決定されているわけではなくて、外部環境とか、あるいは内部環境のホルモンとかサイトカインなどの影響を受けながら分化が誘導されていくわけです。それがスーパーシステムのモデルですが、言語の形成も、それに非常に似たプロセスをたどっていると思うんです。例えば言語の始まりをどう考えるかについては議論しないことになっているそうですが、ルソーの『言語起源論』を見ると、最初は恐らく情念的な言葉から始まったんだろうと言いますね。「あ」とか「お」とかいう本来的に多義性を持った発音から始まって、次にはいろいろな「あ」が出来て、いろいろな「お」が出来て、その組み合わせが出来るというふうにして最初の言語の要素が出来ると、それから先は個体発生と同じように、条件次第で色々な多様化が起こる。多様化が起こったら組織化をしなければシンボリックな役割を果たすことが出来ないから、末端の部分から自動的に自己組織化されていって、そのうち文法という自分自身のルールをつくります。ルールをつくると多様な要素をもとに非常に複雑な体系をつくり出してしまいます。しかもそれが最終的にはそれぞれの国語が言語の「自己」というようなものを持つようになる。例えば日本語には日本語の自己があるし、英語には英語の自己がありますね。ですから日本語という自己の中に英語とかギリシア語が入ってくると、はじめは排除したと思うんです。単純な排除をすることによって言語は自らの自己を守っていたと思います。けれども、そのうちにいろいろな形で共存したり、排除の方法を変えていきます。例えば韓国語の一部分は万葉時代にかなり日本語の中に同化されたものがあります。けれども、ギリシア語などは日本語にとっては完全な異物ですから、「フィロソフィー」という言葉が入ってくると、通常だと全く顧みることもなく排除したと思うんですが、そのうち、どうしても排除しにくいことが起こって、明治の碩学、西周が「哲学」という言葉をつくるわけです。それは免疫系で言うと、「抗原」が入ってきて「抗体」が出来たのとよく似ていると思うんです。抗原と抗体は同一のものではありませんが、抗体という特異的に対応するものをつくり出すことによって、抗原自身をシステムの中で処理することが出来るようになるわけです。ですから「フィロソフィー」という概念そのものが哲学になったわけじゃなくて、それに対応する「哲学」という相補的な言葉を日本語の中につくることによって意味を共有出来るようになった。

中村　日本語、更に遡ると中国や韓国まで含まれるのかも知れませんが、その持っている歴史を踏まえて新しい概念が出来ているわけですね、私たちの中に。

多田　そうですね。フィロソフィーで扱っている多くのものを、日本語という自己の中で処理することが出来るようになったんだと思うんです。

中村　ただ、言葉の場合、フィロソフィーと哲学が本当に対応するかということもありますね。『DNAとの対話』の著者、ポラックの考えが私が提唱している「生命誌」(biohistory)ととてもよく似ているのですが、必ずしも一〇〇パーセント同じではない。恐らく発想としては同じだと思います。同年代の人で、同じような形で分子生物学に入り、しかもそれを基礎にもう少し広く人間の問題を考えていく経過を見ると、恐らく同じようなことを考えてきたと思うのです。しかしどこか違う。それは個人的な違いというよりは、やはり彼は英語、私は日本語で発想したと思わざるを得ないところがあるのです。

多田　「哲学」というのも「フィロソフィー」とは違うものになった上で、すでに日本語の中に組み込まれてしまいましたね。例えば、「フィロソフィー」の中にはサイエンスも入っていたわけですけれども、「哲学」では入らなくなっちゃったんです。そのためそれとは別に、「科学」という言葉を新たにつくったわけですね。それによってフィロソフィーの中に含まれていた、非常に本質的な概念であるところのサイエンスを切り離した。

中村 ですから私のように科学から生まれた事柄を基本にして考えるという枠を自分にはめている者にとっては、「哲学」という言葉はとても使いにくいのです。「フィロソフィー」だと科学も入っていると思うので、私も仲間入りさせて戴ける気持ちが持てるのですが。日本の場合は、外から入ってくる概念や学問を表す言葉を翻訳し、全て自分の国の言葉で教育も学問もやれたので、それが今の日本をつくったとも言えますけれども、これから先のことを考えると、マイナス面もありますね。そこをどうやって乗り越えていくかは、日本の学問の一つの大事な問題になっているように思います。

多田 そうですね、さっき言った抗体のような形で翻訳をしていったことによって、何が変わってしまったのかを再点検する必要があると思うんです。例えばゲーテの詩を日本語に訳したものがあって、それをまたドイツ語に訳したというのがあるんです。それを読むと、もともとのゲーテとは全く違うものになっていました。希望があるムードの詩が、陰鬱な詩になっている。

中村 詩など特にそうでしょうね。科学は実体があるので、それを英語で表現することで、インターナショナルな活動をしてきたわけですけれど。日常的な考えや気持ちは日本語で表現しているわけですし、そこからしか自分の思想は生まれてこないと思うので、それをどうやって発信していくかはかなり大きな問題でしょうね。

多田　私もこの頃、実際の実験データだけではなくて、自分の考えを英語で話す機会が多くなりましたが、勿論そのためには英語で考えなければならないわけで、日本語で考えたこととはニュアンスが違った部分が出てきます。しかし西欧というのは、日本人が科学を基礎にしてメタフィジカルな発言をすることが出来るとは思っていないことに愕然としました。日本人はそういうことに向いていないと思っている。

私が書いた『免疫の意味論』という本を英語に翻訳するという話がありまして、出版社がレフェリーにいろいろ問い合わせたそうです。そうしたら免疫で新しい思想が出てくるとすれば、それは日本からではないだろうという意見があって、翻訳の出版にいたらなかったんです。

中村　それは由々しきことで、何とかしなくてはいけませんね。私も「生命誌」や「自己創出」という考え方は、英語で発信したいと思っているのですが。

多田　それは今まで日本の科学者が、「日本の科学に哲学がない」などと言われて自分もそう思ってしまったからじゃないでしょうか。日本のサイエンティストはテクノロジーとデータづくりというプラクティカルな面では能力を発揮したわけですけれども、じゃあそれから哲学的な何ものかを抽出したかというと、そうではなかったのかも知れません。

中村　そういうことをしても仲間の中であまり評価されないから、やらなかったという面もあるように思いますし。

多田　日本の科学者がきちんとした形で認められるためには、データを出すことも大事なんですけど、データを出すだけではなくて、頭で考えたことを発言するのも必要だと思いますね。しかし逆に日本の科学者の方がそれを認めようとしないんです。

総合する柔軟な思考がほしい

中村　ただ、この頃データを出す分野できちんとしたお仕事をなさった方たちが、少しそこからはみ出した本をお書きになり始めていると感じます。例えば細胞について、単に細胞は膜があって核があってこういうものだという教科書ではなく、自分が細胞を研究しているところから何が見えているかとか、生きていく中で細胞はどういう意味を持っているのかというようなこと。植物が葉が出て花が咲いていく、つまり形が出来ていくということは生きものにとってどんな意味を持っているかなどなど。DNAについても、多くの人が書き始めています。明治から一〇〇年少したって、少しずつ、日本の科学も変わり始めたのかも知れません。今までは勉強の時期だったので、これから一〇〇年たてば、日本人はちゃんとそういう発言をしている時代がきているのではないかという予感はします。希望も含めて。特に生物学は、そういうことを考えないではいられない対象を扱っているわけですから。

多田　基本的にそうでなければならないと思います。

中村　生きものを研究していて、単に物質に還元して、それで終わることはたぶん出来ない。今までは物質へいくだけでも大変でしたから、それをがむしゃらにやってきたというのは、一つのステップとして大事なことだったわけですが。

多田 大学のサイエンスの教育では、コツコツと体力を使って研究し、そのデータだけを価値判断なしに示すということが基本になっていますね。それはまさしく基本なのですが、そこから何かの意味を抽き出してゆくというトレーニングの方は全くないんですね。高校の時からそうです。

中村 そこが一番問題ですね。それは本当に大事なことなんだけれども、難しい。特に高校生から大学のジュニアぐらいのところあたりの教育が、そういうものを全く排除してますね。

旧制高等学校の教育について書かれたものを読むととても羨ましいことが書かれていますね。懐古趣味ではないのですが、あれは一握りのエリートだったから出来たことなのか、その気になれば今でも可能なのか。

多田 大学の研究室なども、競争が激しくなってしまったからかも知れませんが、物も言わずにとにかく体でかせぐという雰囲気になってしまった。

中村 そうですね。私の学生の頃はまだのんびりしてました。研究室が一つの家族みたいで、それこそ同じ釜の飯なんていって、実際にお昼休みは電気釜でご飯を炊いて（笑）。実験室はお台所みたいなものですから。ガスコンロや冷蔵庫やお鍋もあって、おつゆくらいはすぐつくれます。みんなでつくって一緒に食べながら話をする。貧しかったからでもあるんですね。今みたいに学生が外にいってフランス料理を食べるなんてことは考えられなかったでしょう。だからみんなでご飯を炊いて食べて。

多田　私たちもそうですよ。私は動物の免疫を調べるのに「卵白アルブミン」という卵の白身からとったタンパク質を使ったんです。卵白の方は結晶にするためにたくさん使いますから、黄身が山ほど残るんです。その黄身をどうやって食べようかとずいぶん色んな料理を試みたんですけど、黄身だけってまずいものですね（笑）。私の先生の岡林篤教授のお宅に持っていくとクッキーを焼いてくれるので、卵の黄身だけを山ほど持っていってクッキーを戴いてきたんです。本当は奥様が別に卵を買ってきて、白身も混ぜて焼いてくださったらしいんです（笑）。

中村　そういう時代は本当についこのあいだ。一つは機械が進歩して、待っている時間がなくなりましたね。私の学生時代は、分析結果が出るのに一晩待たなければならないとか、機械も少ないから順番を待たなければならないとか。でも、そのあいだにずいぶん色々な話合いをしたりして、面白かったです。あの時間は無駄ではなかったと思いますけれど。今はデータが出るとコンピュータが分析して、それに人間の頭が追いついていくという感じで、データは確かにたくさん出て、その意味での面白さはぐんと増えましたが、雰囲気が一寸違ってきましたね。

多田　そうですね。楽しみながら実験をやるという要素が見えませんね。競争に勝つためだけになってしまった感じがします。データはたくさん出るかも知れないけど、それから何を理解するかとなると、今はそれから先は考えないという雰囲気になっているかも知れませんね。

中村　分子生物学も初期は、実際にＤＮＡを扱えるわけではありませんから、外側からどう解明するか、工夫が必要でした。大腸菌の変異株を使ってある種のパズル解きみたいな雰囲気もあって、こうやるとこうなるはずだという、実験を組むことが一つの頭の体操みたいなところがありましたでしょう。だからあんなにディスカッションしたんだと思うのです。

多田 実験のための機械まで自分で工夫してつくっちゃうというようなところがありましたね。今は機械でマニュアル通りにやれば、結果が出るというので、理屈なんか考えない。

中村 今を否定する気はないけれど、その上で、みんなで考えてやっていくという雰囲気、両方組み合わせる時代をもう一度、呼び戻したいですね。

多田 狭い領域での同業者だけにしか通じないような言葉で終わってしまいますからね。

中村 免疫学も多田先生のように総合的に話して下さると分野の違う者にも面白いのですけれど、「部分」の実験報告を聞くと、難しくて何が面白いのかだんだんわからなくなってしまう。

多田 私が今度いくことになった東京理科大学の研究所を免疫の研究所にしたいと思ったのには、そういう理由もありました。今最もプロダクティヴな研究者は、総合的に考えることをしないで、部分について次々にデータを出していくことに専念していると思うんです。けれども、もし一つの研究所に何人かの人たちが集まって、それぞれの領域での成果が出るようになったら、そこで対話が生まれ、一緒に考え、総合することが出来るはずです。ひょっとするとその時には私みたいなそれぞれをつなぐ立場の人間も必要になるのかも知れないと。

中村 そうですね、先生がそれを全部見ていらして、位置づけを皆に言ってあげたら、仕事に張りが出るでしょうね。

多田　大学の講座というようなばらばらのものでなくて、大げさに言えば、いくつかが集まって初めて出来るような知の共同体としての研究所をつくってみたいのです。

中村　先生のところがどのようになるかは、一つの実験でもありますね。社会的な実験。私のところもそのつもりなのです。

ゲノムの生成過程はスーパーシステム！

中村　『免疫の意味論』からもう少し広げて、先ほどの「言語」も含めるなどして、『生命の意味論』を書いていらっしゃいますね。

多田　まだ連載中ですが四苦八苦しているんです。さっき言語の話で、言語と遺伝子をつなげて考えると面白いということだったんですが、中村さんが提出しておられる「ゲノム」も、一つのスーパーシステムとして考えることが出来るだろうと思い始めたんです。

中村　私はスーパーシステムという言葉を使ってはいませんが、自己創出系としてゲノムを考えた時には、一寸おこがましく言わせて戴ければ、先生のスーパーシステムと同じことを考えていると、自分では思っていました。

多田　本当にそうですね、私もそう思っています。例えばゲノムを考える時、ゲノムの始まりまで戻って考えると、はじめは例えば大野乾先生がおっしゃっているように、大元祖遺伝子などという最初の発明があった。

中村　そうですね、最初は何かが生まれたわけです、全く新しいものが。しかしその後はそれが系としてつくられていく過程。

多田　それが例えばヌクレオチドで五文字とか七文字とか、そんなものだったと思いますけれど、五文字だと三つずつのコドンで二つに区切れるわけではないので、色んな読み方をせざるを得なかったということもあって、単純な最初の言葉に相当する簡単な核酸の配列が出来た。あとは大野先生が言っていましたが、「一創造、百盗作」。結局、何をやったかというと、最初の遺伝子を重複させて多様化するというやり方、重複の際のエラーを蓄積していって、そうやって出来た多様な要素を組み合わせるということだけだったと思います。言葉もそうです。言葉のほうも最初にワンセットの言葉が出来ると、それらを重複させたり組み合わせたりして、要素としての言語のひと揃いが出来る。それを組み合わせていきさえすればいくらでも広がります。その点ではゲノムが最終的に出来ていく過程というのは、スーパーシステムの生成の過程と似ている。

中村　まさにそうだと思います。生きものが関わり合っている系は恐らく皆そういうものなのだろうという気がします。ただ、安直にそれで人間社会まで含めた全てを〝説明〟するのはよくないと思っているのです。理解する手段であって、説明ではない。

多田　もし言語の成立と発展をスーパーシステムのモデルと考えれば、ゲノムがつくり出される過程も一つのスーパーシステムのモデルになります。ゲノムというからには、大腸菌のゲノムもあるし、サルからヒトに至るそれぞれのゲノムもあるというわけで、当然のことながら、進化の過程そのものがスーパーシステムをつくり出していった歴史になります。その点でも個体発生というスーパーシステムの形成は、進化を模倣している。

中村 私もまさにそう思って考えています。ただ、その時に一寸面白いのは、ヒトを含めた真核生物のシステムと、原核生物では、システムの持っている性質が違いますね。そこが物理学と違う、まさに先生がおっしゃるスーパーシステムの意味ではないかと思っています。その辺で私は、真核細胞が出来ていくところが面白いと思って調べています。少し大げさに言えば、真核細胞というシステムが出来た時に人間が誕生する可能性は生まれていたという気がしているものですから。後は長い時間かけて重複や変化を続けてきた。

多田 単純な複製から始まるとしても、最終的には複製を超えた部分が出てくるわけですね。その部分を自己創出とおっしゃるんだと思いますけど……。

中村 そうです、その系が、どうやって出来てきたかというところに関心があります。結局はゲノムというのは、自身を現実化する時には細胞という場を使わなければならないので、鍵は細胞だと考えているのです。そうするとても単純な、生きものの単位は細胞であるという、昔から言われているところへ戻るのですが、あの頃の細胞は顕微鏡で見た細胞ですから、今度はゲノムのはたらく場としての細胞として見ていく新しい細胞の姿をもう一回組み立て直さなければならないのではないか。私はＤＮＡから出発しましたから、それと直接関わるところだけを見てきましたけれど、今、細胞の構造に関心を持っています。骨格、形、動き、シグナルの受け取りなどというところが今急速に研究が進んでいて、とてもダイナミックで、まさにシステムとしての姿が見えてきていると思います。

多田　精密機械と片づければそれでいいのかも知れないけど、そうじゃない部分があります。昔、あるレセプター（受容体）に対応する外界からの刺激、つまりレセプターがそれに結合するホルモンなどの分子と反応することによって細胞は興奮して、何かアウトプットをつくり出すと教えられていました。例えばインシュリン・レセプターにインシュリンが結合すると、糖の取り込みが起こって、細胞膜の運動が起こる、などという一本調子のことを教えられたわけです。ですが免疫の研究などをしていますと、そんな単純な機械じゃないというのがわかりますね。例えば、T細胞という異物を認識する受容体を持つ細胞の場合、その受容体に対して、いわゆるリガンドであるところの抗原が反応すると、その細胞は必ずサイトカインをつくって分裂を始めるかというと、そんな一本調子なことではなくて、ある時は死をプログラムしている遺伝子を働かせて自ら死んでしまうし、ある時はいわゆるアナジーといって反応することをやめてしまう。アナジーになると同じ刺激を受けても二度と反応しなくなるわけです。しかし、別の場合は反応して細胞の分裂を始める。つまり同じ刺激に対して一つの細胞が、色々な反応のオプションから一つのことを選び出すんです。すると細胞はひとつのレセプターからの刺激で反応性が規定されているというような分子機械ではないわけです。シグナルを伝達するための細胞内の分子のリン酸化の過程を見ると、一個の細胞でありながらこれほどの複雑な情報伝達系とその調節系を持っていて、それらを次々に利用しながら多様なアウトプットとしての遺伝子を発現させる。それはまことにすごいことですけれども、同じ刺激であるにも拘らず、様々な反応性の中から一つを選び出して行動するというような複雑な判断をしているなどということになると、従来のレセプターとリガンドの反応をもとにして決められたアウトプットを考えていたのとは、ディメンションが違ったことになりますね。

中村　そうですね。機械論ですと一対一という考え方になりますが、生物の場合は一対一ということはほとんどないと言っていいぐらい、一対多でいつもやっていますね。それは逆に言うと、構造体としてはそんなに複雑ではない、部品として見るとそんなに複雑ではないけれども、一対一でないために、とても微妙なことが出来ている。そこが本質のような気がします。

多田　本当にその通りです。何か刺激があった時、いつも決まった結果が現われるというのだったら、それが科学者にとって一番気持ちがいいことでしょうが、そうじゃないのが生物系の特徴なのですね。その基礎の上でもう一度、生物の反応系を根本的に考え直す必要があると思うんです。

それから接着分子というのがこの頃たくさんわかってきました。接着分子というくらいだから単に細胞どうしをくっつけるために必要な分子と考えていたわけですけど、そうではなくて接着することによってそこからもシグナルが入るわけです。従って単なる接着ではなくて、接着したことによって、細胞がおかれた場が規定され、その場に特有な細胞の振る舞いを規定するような第二、第三のシグナルが入ってくるわけです。免疫細胞は同じ刺激に対してそれぞれの場に応じて様々なオプションから反応の仕方を選んでいるといいましたが、その選択は接着分子が決める場合があります。そうすると一つの細胞が、同じ刺激であるにも拘らず、別な接着分子などから伝えられる別の情報を総合的に判断して、最終的に何をするかを決めているということになります。最近脳神経系の細胞にもそういうことがあると聞きました。

中村　そうですね。『細胞の分子生物学』という、米国の教科書を一度訳しましたら、五年ぐらいたつと改版が出るのでその度に訳さなければならなくなりました。今三版になりましたが改版の度に細胞に対する考え方がだんだん体系化されてくる。それが面白いのですが、今回、「神経」と「植物」の章が消えたのです。それは、私もよく納得できるんですが、神経や植物が大事ではないということではなくて、そこにあったことが全部の章にちりばめられたのです。細胞という面から見た時には神経も植物も特殊なものではなく基本的なものであるという考え方で、その章をなくしたのです。多田さんが今おっしゃった接着やシグナルやレセプターという面で考えていくと、基本的には免疫系も神経系も同じではないか。細胞という面から見た時には、神経は特殊と見ない方が逆に本質が見えるという立場で、「神経」という章を消したのです。かなり大胆ですが、非常によくわかる。それが学問の一つの進歩というか、体系化が進んだということにもなっているのではないかと思います。

多田　免疫の方ではたくさんのレセプターが一個の細胞上にあって、Aのレセプターから主要な認識の情報が伝えられると、第二のレセプターからそれを調節するようなシグナルが伝えられるということで、「コシグナリング」という言葉が出来たんです。最近の免疫の領域での大きな話題になっています。神経細胞の場合も、例えば一つの刺激があっても、それが記憶として成立するかしないかは、同時に別なシグナルが入るかどうかで決まる、という話を聞きました。それを「コインシデンシャル・レコグニション」と言うんだそうです。同時認識です。同時認識が起こるかどうかによって、最初の認識の質が変わるわけです。そんなことが分子レヴェルでだんだんわかってきて、どうして一つの細胞が条件次第で様々な行動を持つことが出来たかということについて、理解出来るようになります。そういう戦略が一つわかってくると、その戦略は色んなところで使われていますからね。

多田　そうですね、大野先生の言葉を借りれば、ＤＮＡだけでなく何でも〝百盗作〟。

中村　そうですね、生命というのはよくもまあこんなに便宜的にやってるなと思うことがありますね。

「あいまいな私（細胞）の成り立ち」

中村　人間の社会だったら×を付けられそうなことを、細胞レヴェルではやっていて、しかもそれが結局はなかなか巧い生き方につながっていると思うことがあります。

多田　遺伝子が重複していくと、たまたま重複して余っているものがあると、それを別な無関係なもののために流用しているとか。

中村　それが最もよい方法というわけでもないのに、たまたまそこにあったから使ったというところがあって。最もよいという発想は生物にはないような気がします。科学技術社会は、最もよいとか最も早いということを大事にしますが、生物と合わないのではないかという気がして。一寸いいかげんにやる方が（笑）。

多田　生物学も科学ですから、最もよいものに進化していったとか、最も正確なやり方をつくり出してきたということが発見されれば、それが一種の快感だったわけですけど、実際にわかってきたのは、かなり便宜的であいまいなやり方なんですね。大江健三郎さんが『あいまいな日本の私』と言いましたけど、自分の成り立ちなんてことを考えても、ずいぶんあいまいで「あいまいな私の成り立ち」という感じがしますね。

中村　ほんと、そうですね。大江さんは、「アンビギュアス」という言葉をお使いになりましたが、これこそ生命の本質のようなところがある。

多田　どうして生命がアンビギュアスなのかというと、生命の中にあいまいさの原理というのが含まれているはずだからですね。大江さんだってアンビギュアスがよくないと言っているんじゃなくて、二つの極端なものに引き裂かれている日本人を現実のものとしてながめて、それが非常に大切な属性だと指摘していると思うんですけど、まさに生物学が今発見しつつあるのは、そのアンビギュイティの原理なんじゃないかと思うんです。例えば同じような働きを持っているサイトカインが何種類もあります。一般には冗長性（リダンダンシー）と言ってますけど、リダンダントにすることによって、一対一で厳密な役割を決めるのではなくて、一つがつぶれても何とかやっていけるようなアンビギュイティをつくり出しているわけです。

実際、最近、「遺伝子ノックアウトマウス」というのがつくられるようになって、免疫系で重要な働きを持っていると思われてきた遺伝子を次々につぶした動物が出来ていますけど、つぶしたからといって、その動物は死んでしまうわけじゃなくて、かろうじて生きていけるんですね。例えば赤血球をつくるためには「エリスロポリチン」というサイトカインが必要で、エリスロポリチンは赤血球をつくるためだけに存在していると思われてきたわけですが、それをつぶしたら赤血球は出来ないかというと、能率は悪いけれども何とか赤血球が出来てくるわけですね。それは役割があいまいなものをリダンダントに持っていることによってさまざまな危機に対応出来るようにしているのだと思います。

中村　そうですね。一対一だったらノックアウトしたらゼロになるだろうと思うものが、どうもゼロにならないというのは、普通の機械ではちょっと考えられないことですよね。もし機械なら、この方法で、決定的に部品の機能がわかるはずなのだけれどそうではなかった。生きものとはそういうものだということが逆にはっきりしてきましたね。

多田　あれだけたくさんのサイトカインがあって、それぞれみんな重要なものとして発見されたわけですけど、一つくらいなくてもかろうじて生きていけますからね。そうやって遺伝子のノックアウトなどということが出来ると、今まで遺伝子の構造とその産物というふうに一対一の関係で考えていて、それで説明しようと思っていたことがひっくり返りますね。少なくとも今まで物質としてしか見ることが出来なかったものを、体全体というコンテクストの中でもう一度ながめることが出来るようになってきた、これは重大な生物学の進歩ですね。

中村 そういうふうに見ると、生きものはかなりしたたかという感じがしますね。そうでなかったらこんなに続いてこられなかったんでしょうけれど。

多田 一方ではまた、本当に不可欠という分子もありますね。細胞内のシグナル伝達分子などは、逆に平凡な働きの方が重視されてきたわけですが、こちらの方はどれをつぶしても致死的ですね。それは、同じ伝達分子を多くの細胞が便宜的に共用しているからです。

中村 その反応が予測と必ずしも合わないところが面白いですね。

多田 何があいまいさをつくり出しているか、その原理を考えてみようと思っているところなんです。特にサイトカインなどは一つのサイトカインが様々な違った働きを持っている。条件次第で何にでも使っている。一方数種類のサイトカインが似たような働きをしている。どうしてそうなるのかというと、それは受容体が共通のシグナル伝達分子を共有しているからなんですね。そうするとインターロイキン6(IL6)とIL11とIL12が同じような働きをする。それぞれのレセプターは違うのにレセプターからシグナルを伝達していく下流のところで共通の分子を使っているからなんですね。それは、あいまいさをつくり出すための一つの原理になっています。

中村 さっき申しましたように、免疫研究がたくさんのサイトカインやレセプターを示し始めたものですから、細かいところを伺うとわけがわからなくなってしまうので、しばらく勉強していないのですが、今のお話ですとその辺が整理されてきたのですか。

多田　あいまいだということで、一時、整理するのをあきらめた時期もあると思うんですが……。

中村　あいまいさも入れて整理されてきた？

多田　そうだと思います。一歩踏み越えてみると、あいまいさの意義が少しずつわかってきたということだと思うんですね。

中村　それは面白いですね。改めて免疫を少し教えて戴かなければなりません。免疫で他の系よりも先にそういうことがわかってくる可能性があるということでしょうか。

多田　脳神経系に比べればずっと単純でしょうから。脳神経系などは、試験管内で再現することが出来ないけど、免疫はかなり複雑な反応さえも試験管内で再現出来ますから。

中村　けれども今、免疫の研究者が皆そういう整理が出来ていらっしゃるわけではありませんね。一人ひとりは細かいことをやっていらっしゃるから。

多田　それはそうですね。それを今全部整理するといっても無理な話です。いくつかの、背後に横たわっているルールみたいなものが見えてきたと思うんです。

中村　これは怠けていられません。

ゲノムの見る夢

多田　最近、ある政治家から、「数年前までは、例えば宇宙開発とか新エネルギーの開発とか、国民が希望を持っていた科学技術での夢があったけど、この頃はそういう夢のある話がなくなったようなので、政策としてスローガンにできるような、夢になるような科学的な話題は何だと思いますか?」という電話がかかってきたんです。咄嗟のことだったものですから、「夢になるようなスローガンはわからないけれども、今科学が関心を持っていることの一つは、人間はどこからきてどこへいくのかという問題があるでしょう。もっと短く言えば、生命とは何かという問題だと思う」と言ったんです。そうしたら「それは壮大なヒューマン・ヒストリーというようなものをやれということですか」。ところで、「ヒト・ゲノム・プロジェクト」というのがありますが、それをどう思いますか、と言うから「ヒト・ゲノム・プロジェクト」はロボットにでもやらせとけばいいし、ヒト・ゲノムと言った時、一種、暗い感じもあるので、そのままで「夢」にはならないでしょうから、「生命」と言った方がいいんじゃないですか、と言ったんですよ。電話での話ですから、べつに何かが決まったというわけではないんですけれども、生命に政治家が興味を持つようになったのはとてもいいことだと思います。どう表現するかは別にして、それは現代人の最大の関心事の一つだと思いますね。中村さんがゲノムと言う時は「ヒト・ゲノム・プロジェクト」という暗いニュアンスはない。特にゲノムを自己創出系と言った時の「創出」という言葉は、日本語では、オートポイエーシスなどというのとは違った響きがあると思うんです。これもあいまいですけど。

中村　実は「ヒト・ゲノム・プロジェクト」も日本の場合、米国と比べると生きもののはたらきとして見ようという動きが強くなっています。ヒトに限らず、さまざまな生きものを見ていくことが大事だという考えが出ていますし、ゆるやかさがあります。そういう意味では日本語は時々、あいまいさ故のよさもありますね（笑）。

多田　ありますね。だいたいオートポイエーシスと言われると、私などは物理学からきたフラクタル理論などを真先に思い浮かべてしまいますから。

それから、今日の話し合いのテーマは「ゲノムの見る夢」ということですが、とても面白い言葉だと思うんです。私がスーパーシステムなどと言うと、システム論をやっておられる方は、システムというのは何か目的があって、その目的のために要素を組み合わせたものだとおっしゃるんですけど、スーパーシステムというのは目的がないんです。つまり自分でルールをつくりあげて自分でそれに従っていくわけですから、目的のある行動など出来ない。一見目的にかなっているように見えても、もともとは目的のないシステムなんです。ですからどこにいくかわからないし、脳も免疫もこれほどまで進化する必要はなかったかも知れないんですね。そのおかげでずいぶんやっかいなことが起こっています。脳もそうですし、免疫なんかもずいぶん自己矛盾が出来てきたわけですから。ゲノムの方も、別に自分がつくり出したものを全部利用しなくてもよいわけですね。よく引き合いに出されるグロビンの遺伝子だって、そんなにいくつも似たようなものを別々につくって、条件に応じて別な遺伝子を利用するなどということをしなければ、ある種の遺伝的溶血性貧血なんて存在しなかったわけですから。そういうことから考えるとゲノムというのは、そとからは見えない、ほとんど役にも立っていないようなものまでたくさんつくり出してきたらしい。ゲノムの中には無駄で混乱したものも含まれている。一種の「夢」みたいなところがあると思うんですね。免疫系にも別に外界から異物が入ってこなくとも、細胞どうしでお互いに刺激し合って、システムを維持しているんです。それは免疫系の見る一種の夢みたいなものだと思うんです。そうだとすればゲノムの内部でも、別に目的に応じて何かのアウトプットをつくり出すということじゃなくて、何かしら夢みたいなことをやって進化してきたのかも知れない。そんな気がします。

中村 「ゲノムの見る夢」というテーマで多田さんとお話しさせて戴いたのは、まさにそういうところへ持っていきたかったからというところがありまして……。みごとに表現して戴きありがとうございます。日本の持つ〝アンビギュイティ〟を生かし、「夢」という言葉の中に、今おっしゃったこと、一方それと同時に、これから何があるのだろうという期待をこめたいと思います。

ファジーな自己——行為としての生体

生命のしくみは、生成文法のように、限られた要素の無限の組み合わせとその拡大再生産に依存している。DNAの言葉で綴られた個体の総遺伝子の世界をゲノムと呼ぶが、それはほとんどひとつの言語世界に匹敵する。それぞれの言語が個別の文化を内包した独自性を持つように、ゲノムの発想としての個体は、やがてそれぞれ個性を持った「自己」を持つようになる。生物学が関心を持っていることのひとつは、こうした個体の「自己」が何によって決定され、どういう過程をたどって成立するかという点である。

意識の中での「自己」のほかに、高等脊椎動物は身体の「自己」を持っている。というより、意識の「自己」は身体の「自己」の上に成立し形成されてゆくものなのだ。意識の「自己」は、それを支える身体の「自己」の特徴、たとえば男性か女性かなどに依存して成立するといえる。

身体の「自己」を決定している最大のものが免疫系であることには異論がないと思われる。高等脊椎動物では、同じ種に属している別の個体からの細胞や組織が移植されると、免疫反応を起こしてそれを拒絶する。親子兄弟であっても、きわめて微小な差を発見し、免疫系の細胞や分子を動員して激しい拒絶反応を起こす。その上、一度出会った「自己」でないもの、つまり「非自己」を終生記憶していて、もう一度同じ個体からの組織が移植された場合には、もはやはじめから受けつけようとしない。免疫系は、「自己」と「非自己」という区別だけではなくて、「非自己」のひとりひとり、つまり固有名詞に相当する個の特異性を記憶していると考えられる。

近代の免疫学は、免疫系とは、もともと「自己」と「非自己」を画然と区別し、「非自己」の侵入から「自己」を守るために発達したシステムと想定してきた。そんなに厳格に「自己」を「非自己」から峻別（しゅんべつ）している事実があるとすれば、その判別の基準は何か、そして免疫系が守ろうとしている「自己」とはそもそも何ものなのか、というのが免疫学の問題のたて方であった。堅固な「自己」。そのオプティミズムの上に免疫学の百年の時が流れた。今日では、しかし、その根拠が崩れてしまった。その反転の劇と、あとに広がる空白について語ろうと思う。

免疫系が守ろうとしている「自己」とは、そもそも何だったのか。三つの重大なヒントがある。

第一は、それぞれの個体が特有の遺伝的標識を背負っていること。人間では、もうおなじみのＨＬＡ分子である。人間のゲノムの中で、タンパク質そのものをコードしているたかだか十万個程度の遺伝子は、個体の間でそれほど違っているわけではない。ほとんどまったく同じ、違っていてもせいぜい何種類かという程度であろう。

ところが、このＨＬＡの遺伝子だけは、例外的に個体間で差が見つかる。どういうわけか人類の歴史の中で、ＨＬＡの遺伝子には突然変異が頻発し、それが蓄積されて各人に伝えられている。しかも各人は、ＨＬＡの遺伝子座を六個ずつ二組（一組は母親由来、もう一組は父親由来）持っている。それぞれが少しずつ違うということになると、まったく同一のＨＬＡの組み合わせを持っている人は、他人どうしでは著しく少ない。移植の拒絶反応は、このＨＬＡ分子の微小な差を見分けて起こるわけである。どんなに世間が騒いでも、移植はそう簡単にはうまくゆくはずがない。

第二のヒント。拒絶反応を起こす免疫細胞は、Ｔリンパ球（Ｔ細胞）という細胞である。この細胞は、特別のアンテナであるＴ細胞レセプター（受容体）でＨＬＡ分子に接触して、「自己」のＨＬＡ分子か、他人のＨＬＡ分子かを識別する。「自己」のＨＬＡ分子であると確認すれば、Ｔ細胞は何の反応も起こさない（それが何故(なぜ)か、という点についてはあとで述べる）。「自己」以外のＨＬＡ分子を見つけたり、「自己」のＨＬＡ分子になんらかの変化（たとえば細胞が癌化(がんか)したりウイルスが感染したりするとそれが起こる）が認められた場合には、細胞は分裂したり、インターロイキンなどの刺激能力を持った物質を作ったり、あるいは相手の細胞を直接攻撃したりして、「自己」の中から排除してしまう。拒絶反応というのはその現れである。

第三のもっと重大なヒント。「自己」か「非自己」かの見分けに必要なＨＬＡ分子には、必ず何ものかが付着していることがわかった。結晶化したＨＬＡ分子の立体構造を調べてゆくうちに、ＨＬＡ分子には特徴のあるポケットのような穴が開いていることがわかった。しかもこのポケットの中に常に何ものかが入り込んでいることが認められた。ＨＬＡ分子はひとりひとり少しずつ違うと書いたが、実はこのポケットの穴の形が少しずつ違うのである。ポケットが違えば、そこに入り込む分子も違う。

通常このポケットには、「自己」のタンパク質の断片が入り込んでいる。その断片は、アミノ酸の数にしてたかだか九ないし十二個程度がつながったペプチドと呼ばれるタンパク質の断片である。細胞の中で、タンパク質は、アミノ酸のつながった長いテープとして合成されるが、その一部はすぐに切り刻まれてアミノ酸九個程度のペプチドとなってＨＬＡのポケットに入り込むらしい。

私がこれまで「自己」といってきたのは、実はＨＬＡ分子のポケットに入り込んだペプチド、すなわちタンパク質のテープの断片だったのである。「自己」の中で作り出されるアミノ酸の文字で語られた何万というタンパク質の長いテープは、九ないし十二文字ずつの長さの言葉（ワード）に切りとられ、ＨＬＡという文脈の中に挿入される。Ｔ細胞レセプターは、ＨＬＡの文脈の中に入り込んだ「自己」のワードを読みとるのである。

もし、「自己」のタンパク質のテープの断片の代わりに、別のテープ、つまりウイルスや細菌などが作った蛋白（たんぱく）の断片が入り込んだときには、Ｔ細胞はいち早くワードの違いを認識する。Ｔ細胞はもともと「自己」のＨＬＡという文脈のみを読みとるように「教育」されているので（この教育についてもあとで触れる）、文脈に紛れ込んだ異常なワードをすぐに発見し、排除するのである。「自己」由来であれ「非自己」由来であれ、ペプチドのワードがＨＬＡの文脈に入り込むことができなかったら、Ｔ細胞はそれを読み取れない。ＨＬＡのタイプが違った人は、それぞれ異なった免疫反応性を持っているというのはそのためで、あるＨＬＡタイプの人は杉の花粉症になり易いし、別のタイプの人は自己免疫で起こる糖尿病にかかり易い。そういう免疫学的個性は、ＨＬＡのポケットの穴の形、そしてそこに入り込むペプチドの種類によって決まるのである。

ＨＬＡが完全に一致している兄弟の間でも、移植された臓器の拒絶反応がしばしば起こる。たとえＨＬＡが同じでも、ＨＬＡのポケットに入り込んだ「自己」のタンパク質のテープの断片が違うからである。この事実からも、「自己」を決定しているのは、「自己」のタンパク質の長いテープから切り出される九文字のワードのグロサリーであることになる。

果たして、これが本当の「自己」であろうか。どうもだまされているような気がしてくる。

最近では、さまざまな人間のＨＬＡ分子から、そこに入り込んでいたペプチドをはがして、含まれているアミノ酸の文字の配列を読むことが流行っている。すると九文字、すなわち九個のアミノ酸のうちの両端に近い二ないし三個は、ＨＬＡ分子に結合するのに必要な文字で、これは文脈に挿入するための接続詞である。他の五、六文字程度のアミノ酸のつながりが、Ｔリンパ球を非自己の情報として読みとる意味のあるメッセージであることがわかってきた。すでに何種類かのワードが読み取られてきたが、それを引きずり出して、「ほらほらこれが君の自己だよ」といっても、それを納得できるであろうか。

もう一度「自己」と「非自己」の識別が成立する過程を追ってみよう。それは、精神的であれ身体的であれ、生物学的に「自己」が確立するための普遍的な過程である。

免疫系においても、胎児期前半には「自己」は確立していない。胎児は「自己」と「非自己」を区別できない。「自己」は後天的に成立するのだ。「自己」と「非自己」の識別に重要な役割を果たすＴリンパ球（Ｔ細胞）は、胎児期後半になって「胸腺」という臓器で作り始められる。胸腺は、胸部の前面にはりついた小さな白っぽい臓器である。一言でいえば、ここで身体の「自己」が形成されるのである。

胸腺の中で増殖するＴ細胞は、まずランダムにいろいろなものと反応し得るＴ細胞レセプターというアンテナのような分子を持つ細胞群として生まれ出る。詳細は省くが、なんと10^{11}種類もの異なったレセプターが理論的には発現しうる。その中には当然、「自己」（つまりＨＬＡ分子に入り込んだ自分の蛋白のテープの断片）と反応する受容体も出現する。ところが、胸腺内で「自己」と反応するようなＴ細胞は、強い刺激が加わって死んでしまうのである。こうして、「自己」を阻害するかもしれない危険な細胞の大部分は前もって除かれてしまうらしい。

次に、「自己」のワードを読み取るための文脈としてのＨＬＡを認識できるかどうかが試される。ＨＬＡの文脈を読むことのできない、すなわち完全に無意味な細胞も死んでしまう。こうして、「自己」阻害の可能性を持ったり、完全に存在そのものがナンセンスな細胞が排除されてゆく。これがＴ細胞の「自己」「非自己」の識別能力の「教育」なのである。

こうして、生まれた細胞のうちの九十六パーセントもの細胞は胸腺の密室から出てゆくこともなく殺される。残りの四パーセント以下の細胞が密室を出てゆき、やがて形成される免疫系の行為に参加する。

この過程は、すでに気づかれたようにきわめて冗長で無駄の多いやり方である。しかし、殺戮を免れた四パーセント弱の細胞は、「自己」を排除することなく、かつあらゆる「非自己」と対応できる予備能力を備えている。あらゆる「非自己」を認識することのできる「先見性」は、実はランダムなレセプターを作り出すという冗長な「非先見性」に基づいているのである。胸腺のHLA分子の中にあったすべての九文字の「自己」のワードは、胸腺内では「自己」破壊の可能性を排除するために働いた。T細胞のすべては、文脈としての「自己」のHLA解読の能力を持つように「教育」された。ナンセンスな細胞もまた消去された。

こうして、「自己」の原型としてのHLA上のペプチドに対する反応性をモデルにして、「自己」の「非自己」に対する反応のしかた、すなわち「自己」の行動様式が形成されたのである。身体の「自己」と呼んでいたものは、実はこうして形成された「自己」の行動様式そのものなので、「自己」のペプチドやHLAのポケットではなかった。

しかし、胸腺という密室の中で作られたり、そこに外部から入って来ることのできる「自己」のタンパク質などは限られているし、その中でもHLAのポケットの中に入り込むことができるペプチドの数は、著しく少ないことがわかっている。実際には、少数の「自己」反応性の細胞は、殺戮を免れて胸腺の密室から出ていっているらしいこともわかってきた。こうした細胞は、「自己」排除の危険を秘めながら免疫の行為に参加し、どうやらギリギリの現場で「自己」破壊の活動を停止させられているらしい。そのメカニズムには、いまだに不明の点が多い。

本来は「自己」を排除するかもしれない、しかし胸腺での殺戮を免れてしまった少数の細胞は、全身を巡りながら、時折「自己」に反応して刺激を受け、逆に「自己」を刺激するといった調整活動をしていることもわかってきた。「自己」と反応した細胞は刺激物質を出して他の有用な細胞を刺激する。矛盾を利用した巧妙な「自己」保存戦略である。と同時に、崩壊を予想させる何という危険な調節のしかただろうか。

行動様式としての「自己」は、こうして日々さまざまな「非自己」に反応し、変容を繰り返しながらも、その個体に固有の「自己」を失わない。さまざまな刺激にさらされながらも、昨日も今日も、また十年後も同じ私があるように。

こうしてみると、「自己」と「非自己」は画然とは区別し難い。「自己」のテープが、異なった酵素などで別の切断を受ければたちまち「非自己」と同じワードが切り出される。たとえば「カネオクレ、タノム」が「カネオクレタ、ノム」になるように。

さらに、今度はまったく別の情報から、ほとんど同一の情報が切り出されることもある。「増大した核爆発によるエネルギーはタービン室で利用される」というのと「核家族化によるエネルギー利用は爆発的に増大した」という二つのまったく異なった意味の文からは、ほとんど同じメッセージのワードが切り出される。たとえば、ニワトリの赤血球の蛋白とインフルエンザウイルスの病原部分の蛋白の一部には共通のアミノ酸配列が含まれる。そうなると、ニワトリにとってインフルエンザウイルスのこの部分は「自己」として認識されることになる。

こうして、九文字まで分解された「自己」は、曖昧な形で「非自己」につながってしまう。「非自己」と「自己」は同じ延長線上にある。

「自己」は、かつて免疫学が金科玉条のように考えたように、「非自己」から隔絶された堅固なエンティティーではなくなった。ファジーになった「自己」が、それでも一応ウイルスや細菌の感染から当面「自己」を守ることができるのは、むしろ奇跡に近い。

免疫学はいま、ファジーな「自己」を相手にしている。ファジーな「自己」の行動様式は、しかし、堅固な「自己」よりはるかに面白い。

利己的ＤＮＡ

ＤＮＡは、生命活動を決定している遺伝暗号である。Ａ、Ｔ、Ｇ、Ｃの四文字で、すべての遺伝情報を綴ることができる。人間もミミズも大腸菌もエノコロ草も、生命あるものすべて同じ四文字で書かれたＤＮＡの構文で記載できる。人間と葦の違いは、ＤＮＡの構文の違いである。

三十二億文字で書かれている人間のすべての遺伝情報を完全に解読してしまおうというのが、ヒトゲノムプロジェクトである。技術を持っている先進国が共同してかかっても、数十年はかかるという巨大なプロジェクトである。日本も応分の貢献が期待されている。

莫大な予算を要するこのプロジェクトを遂行するために、それが完成した暁には癌や遺伝病が治るようになるのだ、などとまことしやかに聞かされるが、そこにはいささかのまやかしがあるような気がする。このプロジェクトによってわかるのは、そんな実用的なことではない。

私が思うには、人間の全ゲノムを読み取ることによって、自然の中での人間の位置づけが可能になるのではないだろうか。尊厳であるか卑小であるか、それは見方によるだろう。ともあれ人間存在というものをはっきりと理解するに違いない。

人間はDNAの乗り物で、DNAが自己保存するために作り出した道具に過ぎないという考え方がある。「利己的(セルフィシュ)DNA」は、初めて地上に出現してから成長を始め、自己複製を繰り返し、複製のたびに間違い(突然変異)を起こして進化していった。同じような遺伝子を重複させることによって増大し、再構成や飛ばし読みをすることで複雑化する。

しまいには、自己保存を意識的に行うような人間という乗り物まで作り出して、地球消滅の日まで生き残ろうとしているというのだ。たとえ地球消滅の日がきても、人類はDNAをロケットに乗せて宇宙に送り出して、人間のDNAだけは守ろうとするかもしれない。DNAを越える原理はあるのだろうか。


DNAを解析する方法に次のようなものがある。読み始めと読み終わりの数文字だけを指定し、未知のDNA構文の混ぜたものといっしょに投入すると、指定された読み始めと読み終わりを持つDNAの鎖のみが大量に合成される。ポリメラーゼ連鎖反応(PCR反応)という方法で、現代の分子生物学の研究では使わぬ人がいないほどポピュラーな方法である。

DNAポリメラーゼという酵素が、指定を受けた見本のDNAと同じものを次々に複製してゆくのである。しかもこの反応では、DNAは一本から二本、二本から四本、四本から八本というように倍数的に増えてゆく。たった一個のコピーから、何千個、何万個というコピーが試験管内で作り出される。こうして自己増殖したDNAを取り出しさえすれば、指定した読み始めから読み終わりまでの構文全体を、一挙に読み取ることができる。PCR反応が、現代の生命科学の寵児となったのも無理からぬことである。

私はある日、この反応を利用してマウスの遺伝子の一部を読み取る実験をしていた。見本になるマウスの未知のDNAを入れて、読み始めと読み終わりを指定した。

複製が進んで手に入れることができたDNAを読んでみると、途中まではまさしくマウスの遺伝子の構文であった。ところが途中から全く意味不明の文字が連なっている。コンピューターで捜してもマウスの中にそんな構文はない。私はギョッとした。

よくよく調べてみると、見本に従って読み取ったDNAを、今度は読み終わりの方から読み始めに向かって逆読みした文章であるということがわかった。つまり、見本を読み取ったあと、今度は自分を鋳型にして逆に読んでいったのである。サクラサクラサクラガサイタイサガラクサラクサラクサ。後半は呪文のようである。

私は愕然とした。「こいつら、できることだったら何でもやる」。自分の足を喰うタコのように、自動的に自分を逆読みさえする。それがDNAをかくも増殖させ、進化させ、地上にはびこらせた原動力である。

私はそのとき、「おぬし、なかなかやるな」と腹の底で嗤ったが、同時に私の背中を冷たい風がなぜて行った。

きんさん、ぎんさんは、いまや国民的ヒロインになっている。彼女たちの人気の秘密は二人が寸分たがわぬことではなくて、風貌や行動様式が微妙に異なっていることである。

もし彼女たちが一卵性双生児ならば、遺伝子のプール（ゲノムという）は完全に同一である。利己的DNAが、もし本能的に自己複製を行い、書き込まれたプログラム通りに個体を作り出しているとすれば、一卵性双生児はまったく同一にならなければならない。ところがきんさんぎんさんは、似てはいるけれど明らかに個性が異なっている。利己的DNAの呪縛を逃れることができたのはどうしてであろうか。これはあくまでも、お二人が一卵性双生児であると仮定しての上である。

顔つきや性格がどうして違うかという点については、分子レベルではわかっていない。しかし、やはり個体の「自己」を決定している免疫系について調べると、その理由を理解することができる。

免疫反応、すなわち「自己」以外の種々の物質に対する反応性は、抗体とT細胞レセプターという二種類のタンパク質で担われている。抗体についてだけ考えても、一千万種類以上の物質と反応できるような予備能力が用意されているのである。しかし、ゲノムに含まれている抗体遺伝子の数はたかだか数百個である。実は、この限られた遺伝子のいくつかを組み合わせることによって、一千万種類の異なった分子を作り出しているのである。

抗体を作る細胞では、抗体遺伝子DNAの繋ぎ替え（再構成）が起こる、というのが利根川進が報告した世紀の大発見である。しかも、そのときの繋ぎ替えのしかたは、実はランダムなのであった。

一卵性双生児で、抗体を作るために利用された抗体遺伝子を調べてみると、二人の間には著しい片寄りのあることがわかった。免疫系は、同一のゲノムという材料から、違ったセットの遺伝子を作り出していたのである。

しかも、ハシカやインフルエンザにかかるなどの経験によって、抗体を作る細胞の数や比率が変わってくる。偶然や環境や経験などの、予測できない要素が入り込んで、同じＤＮＡのプールからできる個体の「自己」を変えてゆく。

一回限りの、かけがえのない個体の生命というのは、利己的ＤＮＡのプログラムを越えたところに成立する。私が「超（スーパー）システム」と呼ぶのはそういう高次の生命である。ＤＮＡの設計による機械としての生命ではない。きんさんぎんさんはそれを教えている。

生命のアイデンティー

生命の「自己」

生命とは何か、という問いに対する単一な答えはないのだから、いくつかのキーワードで考えてゆくよりほかはない。自己複製とか自己組織化とか、外界への開放とか適応、代謝、生長、分化などの言葉がまず浮かんでくる。ここで問題にしようとしている生命は、細胞や器官の生命でなく、個体、そして人間の生命のことなので、もっと別のキーワードも必要である。

個体が生命としての全体性を持つためには、全一性とか、連続性とかも重要な属性である。個体の生命というのは、細胞や器官の生命の単純な総和といったものではない。個体が連続した全一性を保つためには、「自己」という概念を離れては考えることができない。

「自己」といえば、すぐに「自己」の同一性（アイデンティティー）という言葉が浮かんでくる。

「自己」の同一性とは何を指すのだろうか。「自己」には、精神的な「自己」、人格的な「自己」、心理的な「自己」などがあるが、私の専門である免疫学では、身体の「自己」というのを問題にしている。

個体という、独立した「自己」を持っている生命体に、「自己」以外のものが侵入すると、それを排除して「自己」の全一性を守る。病原性の微生物に対して免疫反応を起こすのは、それが病原体であるからではなくて、「非自己」であるためである。

その証拠に、病原性を持たない花粉や室内塵に対しても免疫反応が起こり、その結果アレルギーを起こす。また型の違う赤血球や、移植された他人の臓器も、「非自己」と認識して強力に排除しようとする。同じ種に属し、生物学的にみればほとんど同じタンパク質の集合体である他人の臓器に対しても、移植の拒絶反応が起こる。こうした「非自己」の侵入に対する「自己」の応答は、著しく不寛容である。

「非自己」からの侵害に対して、「自己」はなぜこんなにもかたくなな態度を示すのか。そもそも「自己」とは何であろうか。「自己」と「非自己」はどのように識別されるのか。そうした「自己」と「非自己」の相互関係を解明するのが免疫学である。それは精神的な「自己」に対して、身体的な「自己」とは何かを問う生物学である。一方、免疫学が対象とする「自己」は、精神的「自己」を理解するよい入り口ともなっている。

「自己」の同一性

精神科の先生と話をしていたら、「自己」の同一性ということが話題になった。同一性というのは、AとBが同一という意味なのだから、「自己」の同一性というとき、何と何が同一だというのだろうか。「自己」というのはもともとひとつなのだから、「自己」の同一性などというのはおかしい、と精神科の先生はおっしゃった。

私は、それには複数の意味があるのではないかといった。

まず、見られる「自己」と見る「自己」の同一性、すなわち位相によって規定される「自己」の同一性の問題。「自己」は、「自己」によっても、「非自己」によっても見られる存在であるが、しばしばその間にはギャップが生ずる。「自己」というものは、「非自己」に対する反応性、即ち「自己」の行為として現れるが、「非自己」は行為者の意図とは異なったやり方でこの「自己」を認識する場合がある。

第二は、昨日の「自己」と今日の「自己」というような、時間的な「自己」の同一性という問題である。私たちは、日々さまざまな事件に遭遇し、異なった経験を積むことによって「自己」を変革してゆく。それにもかかわらず、昨日の「自己」と今日の「自己」はそれほど大きく変わっていないし、二十年前の「自己」と二十年後の「自己」を考えても、そこには連続した「自己」というものを発見することができるだろう。こうした時間的な同一性というものも存在すると思われる。

もうひとつは、全体の「自己」と部分の「自己」の同一性である。行為のさまざまな断片を取りだしてみると、そこには共通の「自己」らしさというものを発見することができるだろう。一人の作家の生涯の作品のどれひとつをとっても、全体としてのその作家の表現の一部であることがわかる。民族の同一性というときも、国家や民族という全体と、構成要素としての集団や個人によって規定される部分との同一性が問題にされる。全く異なった断片が全体の中に含まれた場合は、排除されるか同化されて、同一性に吸収される。

免疫学的「自己」の同一性

こうしたさまざまの同一性の特徴は、生命活動の中にも見出(みいだ)すことができる。

独立した個体の生命活動の特性は、遺伝的に決定されると同時に、その個体が発生する環境とのかかわり合いによって形成される。ことに免疫学的「自己」の成立は、ランダムに作り出されたレセプター（受容体）を持った細胞の中から、「自己」を破壊することのない一群の細胞が選び出されるという後天的なプロセスを含む。もともとは無差別に作り出された多様な細胞の中で、「自己」と反応するような危険な細胞は、前もって除いておくのである。

このとき選別に使われるのは、それぞれの個体で遺伝的に決定されている「組織適合遺伝子複合体（ＭＨＣ）」の産物である。人間ではＨＬＡ抗原と呼ばれる。ここではＨＬＡについての議論には深入りしないが、ＨＬＡは、人間の遺伝子の中でも例外的に高い多型性を持っている遺伝子群であり、ひとりの人間は固有のＨＬＡ遺伝子の一組を持っている。赤の他人で同一のＨＬＡ遺伝子を持っている人は、数万人に一人以下である。

免疫系の「自己」の個性は、まずこの著しく個人差があるＨＬＡという内部世界に適応するというやり方で形成される。ＨＬＡが違えば、「非自己」に対する反応性が変わってくる。免疫細胞が作り出される過程で、その個体の持つ独自のＨＬＡ分子群によって選択を受けたからである。あるＨＬＡ遺伝子を持つ人は花粉症にかかり易いとか、別のＨＬＡ型の人は自己免疫病にかかり易いというように、それぞれの個体の反応性は、まずＨＬＡへの適応というやり方で内在的に決定される。すなわち免疫系の行動様式のレパートリーは、免疫系が発生してゆく過程で後天的に形成されるのである。

こうして免疫系の反応様式、すなわち「自己」らしさというものが作り出される。それはもともと遺伝的に決定されていた内部環境への適応によるわけである。しかも適応の仕方は、個体によって必ずしも同一ではない。同じ内部環境に適応するにしても、それを排除するように適応する場合も、また包括的に適応する場合もあり得る。したがって、同じＨＬＡ遺伝子群を持っている場合でさえも、「自己」らしさの形成は個体によって微妙に異なってくる。一卵性双生児でも、同一の抗原に対する免疫反応に参加するレセプターのレパートリーが、しばしば異なっていることが知られている。

身体的な「自己」の同一性のひとつ、すなわち見る「自己」と見られる「自己」との関係、それはとりもなおさず、「非自己」に対する反応様式となるわけだが、基本的には、「自己」内部への適応によって決定されていたことになる。

それでは、時間的な同一性はどうであろうか。免疫系は、さまざまな「非自己」と反応し、それを排除することによって「自己」の全一性を守る。この排除反応が終わってしばらくたってから、再び同一の「非自己」の侵入が起こると、今度はきわめて急速に反応が始まり、強力にこの「非自己」を「自己」から除外する。すなわち免疫系は、一度遭遇した「非自己」を記憶する能力を持つ。この記憶はしばしば長期間保存される。ハシカに一度罹ると一生二度と罹らないのはこの記憶のせいである。また、ワクチンを注射しておくと、たとえ罹っても軽くすむというのも、免疫学的記憶が成立したおかげである。

記憶のメカニズムに深入りすることは避ける。免疫系は、出生後完成したあとでも、さまざまな「非自己」と出合う事件を繰り返しながら、「自己」の反応様式を変化させてゆく。遺伝子がまったく同一の一卵性双生児でも、それぞれが異なった環境におかれ、別々の経験をすることによって、免疫学的な反応性が異なってくる。遺伝的傾向の強い自己免疫性の神経疾患でさえ、一卵性双生児の両方が罹るのは七〇パーセント程度で、あとは片方でしか起こらない。

免疫学的記憶が長期間続くことから、こうして形成された免疫学的「自己」の時間的同一性も長い間保たれると考えられている。

第三の、全体と部分の同一性についても触れておこう。ひとつの個体を形成している細胞は、すべて同じＨＬＡ分子を持っている。個体を構成するすべての細胞の上に、同じ組み合わせのＨＬＡ分子群が表現されているのである。

したがって、皮膚も、脳も、心臓も、消化管も、すべての臓器や組織の細胞は、免疫系によって「自己」と認識されているのである。同様に、他人の臓器や組織もまた、すべて他人のＨＬＡでマークされているので、そのいかなる断片でも、「自己」にとっては「非自己」なのである。

もし、同一の人から二度臓器移植を受けたとすれば、それが最初は皮膚であって二度目が腎臓であったとしても、一度目はややゆっくり、二度目は急速に排除される。最初の移植で、他人のＨＬＡ分子に対する記憶が成立したためである。

生命の同一性

免疫系における同一性の成立機構をもとにして、生命全体の同一性について考えてみたい。

私は、免疫系や脳神経系のように、自ら「自己」というものを作り出し、「自己」の反応様式を形成し、「自己」の運命を決定してゆくようなシステムを「超システム」とよぶことを提案した。「超システム」は基本的には、自ら作り出した「自己」を持つシステムである。

個体の生命もまた、免疫系や脳などの「超システム」が重層化して作り出される「超システム」として理解される。そのひとつの重要な属性が、同一性であろう。

個体という生命の単位が形成される過程もまた、免疫系と同じく、単一のもの（受精卵）から多様な要素が生成し、自己組織化をしてゆく過程である。そこには、遺伝的に決定されたものと、適応的に誘導されてゆくものがある。遺伝的に決定された最初の原因は、次の結果を生み出すとともにそれに適応する第三の過程を生み出す。こうして自ら原因を作り、結果を生み出すという過程のつながりの中に、同一性というものが作り出される原理がある。そこには内在的に、遺伝的に決定されたものと、それに適応して作り出すものがある。後者には当然偶然性や確率論的な過程が含まれる。

生命の同一性は、DNAによってすべて決定されているわけではない。内部および外部世界に適応し、積極的に偶然性やランダム性を取り込み自己組織化するところに同一性なるものが形成されると考えるのが妥当であろう。

死は、こうした「超システム（スーパーシステム）」の崩壊の過程である。部分としての器官の死の単純な加算ではない。

都市と生命

NHKスペシャル「驚異の小宇宙・人体」は、人間の生命の仕組みを、最新のテクノロジーを駆使して映像化したすばらしい番組であった。最初の放映から数年経（た）った現在でもその価値は衰えていない。

この番組を、どんなイメージで編成するかという企画会議が開かれたとき、私もコンサルタントとして招かれた。制作者の林勝彦さんやキャスターの小出五郎さんなどと、番組全体を貫く人体のイメージをどう設定するかについて語り合った。

制作者側が用意したナレーションは、「人体は森のようである」というところから始まっていた。森には川が流れ、草や木々が芽生え、動物たちの生命が誕生する。雨が降り、陽がそそぎ、生物たちは互いに調和を保ちながら生き、時が来ればまた自然に戻る。

たしかに森は生命を象徴しているようにも見える。しかし、生命科学の現場で研究を続けていた私には、ピンとこなかった。

私は、それは違うといった。生命というのは、むしろニューヨークシティのような気がする。そこでは、絶え間なく新しいものが建設されてゆくが、同時に激しい破壊も進行している。無数の人間が集合し、多様な営みが行われている。巨大な企業、激しい競争、容赦ない収奪。恐るべき犯罪も行われるし、心暖まる愛のドラマも生まれる。

ニューヨークシティは、常に崩壊の危機をはらみながら活動し発展する。青写真で決められたような整然とした都市計画があるわけではない。すべてなにがしかの矛盾を含みながら、かろうじてやってゆける。森のような調和がない代わりに、常に強烈な刺激によって、欠落したものを再生してゆく。人体だってそれと変わらない。

私がそんな発言をしたおかげで、企画は番組のイメージ作りからやり直さなければならなくなった。

制作主任の林勝彦さんは、私の意見を容(い)れて、人体というものの持つ危うさに支えられたダイナミズムを大幅に番組に取り入れてくださった。高尾正克ディレクターの担当で、私が助言して作られた「生命を守る――ミクロの戦士たち」は、内外の賞を十二個も総なめにしてしまった。

それ以来、私は生命というものを考えるとき、決まって都市のことを思い浮かべるようになった。また都市にゆくと、そこに生命があるかどうかを気にするようになった。

生命というとき、なぜモスクワではなくてニューヨークを思い浮かべたのか。まず生命というものの定義から考えてみなければならない。ところが、「生命とは何か」という問いに対して、ギリシャ時代にアリストテレスが「生気論」というのを提唱した程度で、はっきりとした答えはないのである。

自己複製とか代謝とか連続とか、さまざまなキーワードは思い浮かぶが、生命そのものを定義することはできない。ことに、人体というような複雑で個性を持った生命体をどう定義するかは、なかなかの難問である。

私はかつて、人体のように個体として独立した「自己」を持った生命を「超(スーパー)システム」と呼ぶことを提唱した。システムというのは、さまざまな要素が関係し合って有機的に働いている集合体であるが、個体という生命には、はじめからさまざまな要素が存在していたわけではない。

人間は、受精卵という一つの母細胞から生まれてくる。この母細胞はまず分裂して同じような細胞を作り出し、やがてそこから神経、筋肉、骨、内臓などを構成するさまざまな細胞を発生させる。こうしてできた多様な細胞が、新たにお互いの関係を作り出して、ついには人間という複雑なシステムまで生み出すのだ。これこそひとりひとりの人間という個性を持った取り替え不可能な存在を作り出す過程なのである。

「超（スーパー）システム」というのは、自分で自分を作り出し、条件に応じて自分の運命を変えながら動いてゆくシステムをいう。プログラムの一部は遺伝子によって決定されているが、別にすべての運命についての完璧（かんぺき）なブループリントがあったわけではない。生命とは受精卵という単一なものから、複雑な個体というものを作り出し、運営してゆくシステムなのである。

ひるがえって都市というものを眺めると、それが生命の誕生とよく似たやり方で発生してゆくことがわかる。はじめ一軒の家が建ち、ついで隣家ができる。戸数が増えれば道ができ、分業が起こり、集団活動が生じ、やがては都市が形成される。都市の最終形は、ニューヨークや東京のような巨大な生命活動のコンプレックスとなる。すなわち、都市というのは自分で自分を作り上げる「超（スーパー）システム」なのである。

はじめから正確な計画などなかったことに注意しなければならない。エトルリアの集落をもとに建設が始まり、二千年の歴史を経て作り出されたローマという都市。部分的には人の意志が働いていたとして、ローマ自身は「超（スーパー）システム」の生命活動の帰結としていまの形になった。

その隣に、一九二〇年代にムッソリーニが万国博のために作ったエウルという近代都市がある。いまはローマに吸収されているが、旧ローマ市街から見ると、異物感をまぬがれない。エウルは左右対称の巨大建造物を中心に、完全な計画によって作り出された人工都市なのである。それはシステムに過ぎない。

それに対して、東京は「超（スーパー）システム」の典型である。多様なものを包括しつつ独自性を主張する、生命体として機能している。

しかし昨今、その東京にも、奇妙な異物感のある建築が多くなった。一部の団地は、都市という生命体に発生し増殖し続ける悪性腫瘍（しゅよう）のように見えることがある。いまこそ都市は、「超（スーパー）システム」の生命力を発揮して、都市の持つ「自己」を回復しなければならないのではないだろうか。

あいまいな私の成り立ち

私が私の形をしているわけ

話は第一次世界大戦後の一九二〇年代に遡る。

ドイツの生物学者ハンス・シュペーマンと女子学生のヒルデ・マンゴルドは次のような実験を行った。

イモリの胚が発生してゆく途上で、分裂した数百の細胞が、内腔を持った球状の形をとる時期がある。胞胚という。上と下の区別はあるが、イモリらしい形はまだ何ひとつできていない。

やがて球の一部が凹んでゆき、嚢状の形を作り始める。嚢の内側はやがては腸になる。

この最初の凹みを原口というが、本当は口ではなくて、やがては肛門に相当する部分になる。この原口の上唇の部分を切り取り、別の胚のちょうど反対の位置に移植するのである。

すると驚くべきことに、原口上唇の細胞を移植されたあたりから、第二のイモリの形が作り出され、お互いに顔をつき合わせた二匹のイモリが、お腹をくっつけたシャム双生児のように作り出されるのである。

移植された細胞から第二のイモリができたのかというと、そうではない。移植された原口上唇の細胞が周囲の細胞に働きかけて、もともとはイモリになるべからざる周囲の細胞をまき込んでもう一匹のイモリを作り出したのだ。

もう思い出された方が多いと思うが、高校の生物学の教科書には例外なく載っている有名なオルガナイザー（形成体と訳される）の実験である。このエポックメイキングな論文が、一九二四年に発表される直前、当時二十六歳だった女子学生マンゴルドは、ガスの引火による爆発で悲劇的な死をとげる。仕事は、夫のオットー・マンゴルドに引き継がれる。ハンス・シュペーマンは、この論文によって一九三五年にノーベル生理学医学賞を受けるのである。

この実験がなぜそれほど重大なのかというと、それ自身では何ものでもない受精卵から、イモリの個体という存在が発生してゆくとき、その形を作り出す中心となるオルガナイザーと名付けられる特殊な部分がまずできるということ。それが周りの何ものでもない細胞に働きかけて、何ものかを作り出してゆくということがわかったからである。

しかし、もっと重大なことは、発生のすべての過程がもともと受精卵のうちから決定されていると考えた当時の学説（前成説）に対して、発生過程は遺伝的にすべてが決定されているわけではなくて、ひとつの事件が始まると、次のプログラムが呼び覚まされてゆくという、後成的な誘導過程が含まれているという事実を示したことだったと思われる。

前成説というのは、卵子や精子の中にその動物のひな型が、はじめから存在していると考える学説で、顕微鏡で見つけられた精子の頭部に、赤子の形をした人間が入っている絵を思い出される方も多いだろう。さすがに今ではそういう形での前成説を信じる人はいないが、すべての生命現象、発生から死に至るすべて、人間の知能や運命までもが、受精卵中の遺伝子によって決定されていると考える人は少なくない。私はそれを「拡大された前成説」と呼びたい。これから点検するように、受精卵に含まれている遺伝子の総体、すなわち「ゲノム」は、個体の生命活動の設計図のすべてを含んでいるが、その設計が実現されてゆく過程には、環境からの働きかけや偶発的な事象、すなわち「後成的(エピジェネティック)」な現象が多く含まれるのである。

神の定めたプログラムのように整然と進行する個体の生命の発生。それが実は原口上唇のオルガナイザーと名付けられたものによって誘導される。その時期の他の細胞には、プログラムはまだ現れていない。しかも原口上唇の細胞そのものも、原口の凹みが作られる直前までは、何の決定権もないその他大勢の細胞のひとつに過ぎないのだ。それが、ある時突然個体の形という体制を決める原動体となる。

ほとんど神の意志の発現にも似たオルガナイザーとは、一体何ものか。

第二次世界大戦をはさんで、オルガナイザー探究の旅が始まる。その間の長い悪戦苦闘の歴史については、ここでは触れない。

ところが最近になって、この神秘的なオルガナイザーなるものが、物質として発見されたのである。そのひとつは分子量二万五千ほどの小さなタンパク質が二つくっついたもので、アクチビンと呼ばれる分子であった。現在東京大学教養学部の教授をしている浅島誠らは、一九八九年に、アフリカツメガエルの上と下だけが決まった胞胚の、上の部分に位置する組織片を切り出して試験管内で培養し、これから紹介するアクチビンというタンパク質を微量加えて何が起こるかを観察し、アクチビンがオルガナイザーの働きを持つ物質であることをつきとめた。

何も加えないで培養すると、不整形の表皮のような細胞が生えてくるだけだが、アクチビンを極微量（一ミリリットル当たり百万分の一ミリグラム）加えてやると体腔のような膜に囲まれて血液の細胞に似た細胞が出現する。十万分の一ミリグラム入れてやると、筋肉の組織ができて、筋肉に二次的に誘導された神経の組織まで出てくる。さらに量を増やすと脊索という脊椎のもとになる構造ができ、一万分の一ミリグラムも加えると心臓の組織ができて搏動を始めるのである。こうした組織は、中胚葉性の組織と呼ばれ、いずれも重要な体内器官を作り出すのである。

もっとはっきりしているのは、試験管内ではなくて、胚に直接注射する実験である。

浅島らは、アフリカツメガエルの嚢胚の腹側にアクチビン四百万分の一ミリグラムという超微量を注射した。すると、この部分から尾っぽのような構造が生え始め、やがて二本の尾を持ったアフリカツメガエルの幼生（オタマジャクシ）が発生した。アクチビンの影響で、この幼生では頭の発生が乱されて、眼玉のないオタマジャクシが生まれた。

こうして、神のプログラムを乱し、またそれを再誘導するオルガナイザーの、少なくともひとつの分子が発見されたのである。

驚きはそればかりではなかった。このアクチビンなる物質には、他にさまざまな働きがあることがわかったのである。

もともとアクチビンは、脳下垂体が作る濾胞（ろほう）成熟ホルモンの分泌を促す一種のホルモン様の分子として同定されていたものだった。アクチビン分子がもうひとつ別のタンパク質と結合すると、逆に濾胞成熟ホルモンの分泌を抑えるインヒビンというホルモン調節因子になる。アクチビンはまた、培養した神経細胞に加えるとその寿命を延ばすし、癌化した血液細胞（フレンド細胞）に加えると、癌細胞から赤血球を作り出させるような働きを持つこともわかっていた。

アクチビンを作る細胞も多種類あって、卵細胞や胚細胞のほかにも、発生とは無関係ないろいろな培養細胞や癌細胞などもアクチビンを作っていることがわかった。たとえば鮒のウキブクロの細胞もアクチビンを作る。アクチビンの化学構造を調べてみると、免疫反応や炎症反応に関与するサイトカインと呼ばれる一群の分子のうち、形質転換増殖因子（TGF-β）と呼ばれるグループに属することがわかった。アクチビンが結合する細胞上の受容体の構造や、作用の仕方などもTGF-βと同様であった。

サイトカインというのは、これから何度も出てくるので簡単に解説しておくことにする。サイトカインとは、基本的にはさまざまな細胞が作り出す生物活性を持つホルモン様の分子群の総称であり、インターフェロンとか、インターロイキンとか、成長因子とか、増殖因子などが含まれ、きわめて多様な働きを持った分子群である。

細胞は、刺激を受けると微量のさまざまなサイトカインを作り出す。サイトカインは近くの細胞に働いて、その細胞を増やしたり、運動性を高めたり、タンパク質の合成を促したり、別の細胞への分化を誘導したり、それを抑制したり、といったさまざまな変化を起こさせるのである。そればかりか、サイトカインは、自分を作り出した細胞にも働きかけて、その細胞を増やしたり変化させたりする。すなわちサイトカインは、いろいろな細胞の間で、相互調節をするための交信に用いられている情報分子なのである。

現在のところ、サイトカインに分類されている分子は三十種あまり。その中には、同じような働きを持っているサイトカインが何種類もある。また同一のサイトカインを、全く性質の異なった別の細胞が作り出すことも多い。ひとつのサイトカインが、相手次第でさまざまな異なった働きを発揮する。ある細胞に対しては分裂を起こさせるが、別の細胞にはタンパク質合成を促すというように、多彩な働きを持っている場合が多い。そのためサイトカインのキーワードとしては、冗長性、重複性、だらしなさ、多目的性、不確実性、曖昧性などあまり自然科学では用いられない言葉が当てられているのだ。

あとで、さまざまなサイトカインが形作る生体内ネットワークについても考えてみたいと思うが、ともあれ現代の医学生物学で最大のヒーローとなっているサイトカインとは、このような不確実性をはらんだ複数の分子群なのである。それが、なんと神のプログラムの如き、受精卵からの個体発生の過程を動かしていたのである。

アクチビンと同じような発生の誘導を起こす能力を持っている分子が、その後いくつも発見されたが、いずれも広い意味でのサイトカインであった。もともと骨の形成に関係する分子として発見された骨形成タンパク質（BMP）という分子も、アクチビンと同じように中胚葉性の組織を誘導する力があることがわかった。この分子もTGF-βのファミリーに属し、こちらはアフリカツメガエルの背中の側に位置する中胚葉性の組織を誘導した。そのほか、肝臓の細胞を増殖させる因子であったHGFやこれから述べる線維芽細胞増殖因子（FGF）など、いずれもサイトカインに属するタンパク質が発生に関与していることがわかってきた。もともとそれらは、発生以外のさまざまな生体反応を起こす分子として同定されていたのである。

もうひとつの興味ある例をあげておこう。徳島大学工学部の野地澄晴教授らの実験である。

野地らは、体の結合組織のもととなる線維芽細胞を増殖させる働きを持つFGFと呼ばれる分子が、発生にどんな影響を与えるかを調べた。FGFもさまざまな細胞が作り出すタンパク質分子で広い意味でのサイトカインの仲間である。野地らは、人間の胃癌の細胞から取り出したFGFの遺伝子を入れこんだ線維芽細胞を、発生初期のニワトリの胚の腹部にあたる部分に移植した。

すると驚くなかれ、人間のFGFを作っている細胞を移植したニワトリの腹部にもう一本の完全な肢が生えてきたのである。翼に近い方に移植すると翼（上肢）様になり、脚に近い方では脚（下肢）様になるが、明確に余分な一本の肢が生ずるのである。野地らはこれを文字通りダソク（dasoku）という名で報告した。同様な発見が英国でもなされ、肢という完全な身体の構造物が作り出される最初の誘因は、ＦＧＦという単一の分子でよいことがわかった。

ＦＧＦもまた七種類の分子のファミリーとして存在し、線維芽細胞を殖やすほかにも多様な働きを持つサイトカインに属する物質なのである。前述のアクチビンと同様の多機能分子である。

私たち人間は、体幹から腕が二本、脚が二本生えて、それでいわゆる五体満足ということになっているが、実はそれさえも完全に決定されているものではなく、発生の途上でサイトカイン様の物質の存在によって決定されていたのだ。ＦＧＦのようなサイトカイン類縁の分子が、一定の時、一定の場所で合成され、その濃度の違いが他のさまざまな環境因子と絡み合って、正しい方向性を持った四肢を作り出していたのである。

発生過程における形の形成や、一定の場所に臓器組織を作り出すことなどを決めている遺伝情報は、どうやらばらばらにゲノムの中に書かれているらしく、アクチビンやＦＧＦなどの誘導因子は、それらの遺伝情報を引き出して発現させる役割を持っているらしい。五体満足というのは、そうした情報処理が、時間的にも場所的にもたまたまうまくいっているからに過ぎない。

では、どうしてそれが破綻なく神のプログラムのように進むことができたのだろうか。それを理解するためにもうひとつの実験を眺めておこう。

スイスのバーゼル大学のウォルター・ゲーリング教授のグループは、次のようなショッキングな実験を行った。ショウジョウバエという昆虫は、遺伝の実験でよく使われる。ショウジョウバエでは突然変異が起こると眼が作られなくなってしまうアイレス（無眼）という遺伝子が知られていた。彼らはこの遺伝子を、ショウジョウバエのいろいろな部位で発現させた。すると、脚の先や触角の上などいろいろな所に眼ができてくることを発見した。多い場合には十個もの眼があるハエの写真が発表され、人々の度肝を抜いた。

ゲーリングらは、ショウジョウバエのアイレス遺伝子とよく似た遺伝子が二十日ネズミにもあって、その突然変異ではネズミの眼の発達が障害されてしまうためスモール・アイ（小眼）という名で呼ばれていることに気づいた。そこで彼らは、ショウジョウバエのアイレス遺伝子の代りに、二十日ネズミのスモール・アイ遺伝子をショウジョウバエに入れ込んで発現させた。驚くなかれネズミの遺伝子が働いた場所には、余分なショウジョウバエの眼が作り出されたのである。

ハエの眼は言うまでもなく複眼で、数百個に及ぶ別々のレンズを持った個眼が集合してできたものである。一方入れ込んだ遺伝子はネズミの遺伝子である。ネズミは人間と同じように単眼で、レンズと硝子体を通して、入ってきた光の像を網膜の上に結ばせ、それを視神経が感知する。構造は全く違う。にもかかわらずネズミの遺伝子が、ハエの複眼を余分に作り出したのである。脊椎動物と昆虫の祖先は、五億年以上前に分かれたことになっているので、ネズミとハエは動物界で最も遠い親戚とされている。そのネズミの遺伝子が働いて、ハエの複眼を作ったのである。

ネズミのスモール・アイによく似た遺伝子がショウジョウバエのアイレス遺伝子である。もともとはこちらの方が先に発見され、アイレス遺伝子は、構造上の特徴から*Pax-6*という名で呼ばれていた。

それとよく似た構造を持った遺伝子があって、その異常がネズミの小眼症をきたすスモール・アイ遺伝子だったのである。同じような遺伝子は人間にもあって、それが変異を起こすと人間でも眼の発達が侵される。驚くべきことに、*Pax-6* 遺伝子は、眼という臓器を持っていない貝類や、非常に原始的な光受容細胞しか持っていないプラナリアという扁形動物でも見つかっている。こうした種々の動物が分かれる前から存在していた非常に原始的な遺伝子のひとつらしい。

この *Pax-6* 遺伝子が、それ自身で眼の構成成分の全部を作り出すわけではない。眼が作り出される時期に細胞の中で *Pax-6* 遺伝子のタンパク質が合成されて、特定の遺伝子の近傍に結合してその遺伝子のスイッチを押して働き出させる。眼で発現している遺伝子は数百個もあると考えられている。その一連の遺伝子が働き出す最初のスイッチを押すのが *Pax-6* 遺伝子だったのである。*Pax-6* 遺伝子のタンパク質が結合すると、次々に新しい遺伝子が段階的に働き出して、レンズを作ったり、網膜の色素を作ったり、光反応物質を作ったりして、哺乳動物では単眼が、昆虫では複眼が作り出されるのである。*Pax-6* のような遺伝子を、まとまった構造のすべてを作り出す大もとの遺伝子という意味でマスター遺伝子と呼ぶ。

ちょうどドミノゲームで最初の札を倒すと、次々に複雑に並べられた札が倒れていって、ついには眼などの図形が現れるようなものである。最初のドミノの札は、人間でも二十日ネズミでもショウジョウバエでも同じだが、その下流の札が違うために単眼や複眼が生じるのである。

すでにこれまでに、多くのマスター遺伝子がショウジョウバエで見つかっている。ハエの体節の構造を決めているホメオティック遺伝子というのはその代表である。その中にはハエの中胸節を重複させて、トンボのように二枚翅を生やすものや、触角が生えるべきところに脚を生やしてしまうものなど数多い。偶数番の体節や、奇数番の体節に異常を現すものもある。いずれも、*Pax-6*遺伝子と同じように、遺伝子近傍のDNAに結合するタンパク質を作り、その部位全体の形作りのスイッチを押す。ショウジョウバエで発見されたホメオティック遺伝子は、哺乳動物でも少々違った形ではあるが存在している。背骨や手足に代表される体の分節構造や、脳神経系の部位決定などに働いていることがわかってきた。

こうしたマスター遺伝子は、ショウジョウバエでは主として一本の染色体の上に並んでいるが、哺乳動物では異なった染色体上に配置されている。私たちが、こういう形をしているわけは、こうしたマスター遺伝子が、ホルモンやサイトカイン様物質の作用で部位特異的に順序正しく働き出し、再びサイトカイン様物質に媒介されながら、いくつもの段階の異なったドミノの札を次々に倒してゆくことによる。こうして作り出された臓器組織は、循環系を介してつながりあい組織化されて、ひとつの個体が形成されてゆくのである。

そこにはこれまで見てきたように、簡単なやり方で変更可能なプロセスがあり、さまざまな偶然が入り込む余地も残されている。サイトカイン様物質の局所的濃度などは、もともと正確に遺伝的に決定されているわけではないし、多数の遺伝子がカスケード的に活性化されてゆく過程も、確実性が常に保証されているわけではない。それは、ドミノゲームが複雑になればなるほど成功しにくいことからもわかるだろう。
それでも私たちは、腕が二本、脚が二本、眼が二つで、少なくとも人間の形をしている。内臓諸器官も解剖学の教科書通り作り出され、複雑に絡み合いながら正確に働いている。その理由は、ともかくばらばらに書かれていた遺伝情報がドミノ倒し的にかろうじてうまくつながりあって自己生成してきたからである。毎回うまくゆくという保証はない。ゲノムが同一であるはずの一卵性双生児でも完全な同一性が成立しないのもこのような自己生成の過程で偶発的なものが入り込む余地があるからである。

しかし、こうした偶然性を持っているからこそ、生命の個別性、そして個体の不可分性(インディヴィジュアリティ)が成り立っているのである。私が超(スーパー)システムとして発生の過程を考えたのは、このためである。

ここまで我慢して読んで下さった読者は、受精卵から赤ちゃんが発生してゆくといったまさに神のプログラムの中で働いていたものが、実は条件次第では他のさまざまな働き、たとえばホルモン分泌の調節とか、他の細胞の増殖や分化などに関与している、曖昧かつ不確実な分子であったことに不気味な思いをされたのではないだろうか。

個体の形を作り出す過程は、言うまでもなく遺伝的に決定されている。だから人間からは人間が生まれるので、サルやニワトリは生まれてこない。しかしその過程は、きっちりとすべてがブループリントで決まっているわけではないらしい。まず個体形成の大もととなる細胞群が現れ、それが周囲の細胞に働きかけてそれを変化させ、その結果として次のプログラムが呼びさまされてゆく。それが順序正しく起こっているものだから、全部が初めから決定されているように見えただけなのである。

すなわち、動物がその形を作り出す過程には、造物主である遺伝子DNAにばらばらに書き込まれている情報を次々にひき出しながら、自分で自分を作り出すプロセスが含まれているのだ。まだ何ものでもない細胞が情報を作り出すと、周辺の細胞はそれをキャッチし、それを何ものかに変える。さらに他の細胞と情報を交換しながら、次々に必要な遺伝子を発現させ、組織化してゆくプロセスである。それこそ、受精卵という何ものでもないものから、個体という存在が作り出される過程なのである。そこには、遺伝的な決定のほかに、重力とか温度とか、外界の化学物質の濃度、細胞の密着度などの偶然の要素が入り込む。遺伝子が完全に同一である一卵性双生児でもかなりの外見上の差が認められるのは、そういう偶然が働いたためである。

ここで述べた「誘導」という過程は、初期胚の発生ばかりでなく、そのあとで起こる脳の発生、脳下垂体や眼のレンズの発生、血球の発生、消化管の部位の決定などでも証明されている。個体という「自己」を持った全体の形成は、こうした誘導が有機的に積み重なった結果なのである。別に設計図と照らし合わせて、うまく行ったかどうかをモニターするような上位の中枢があるわけではない。

カエルやイモリのような両棲類と人間のような哺乳類では、厳格にいうと違うところが沢山あるが、このような初期発生で起こっていることは基本的には同じである。人間では受精卵が分裂を始めて、十六個ていどの同じような形の細胞からなる桑の実のような形になるまで、どの細胞が何になるかは決まっていない。つまりこの時期まで受精卵は、同じような細胞を分裂しながら作り続けただけなのだ。

したがってこの時期までに、胚を二つにわけると一卵性双生児が出来るはずである。そればかりか、理論的には細胞の数ほどのクローン人間を作り出すことさえ可能なはずである。

未決定のものから運命を作り出すのは、その後の偶発事件である。人間の場合は、細胞の塊の中にすき間ができて内腔を持つようになる。偶然内側に位置することになった細胞から胎児が形成されるが、外側の細胞の大部分は胎盤になってしまう。内部の細胞塊では、周囲の環境からの誘導によって特定の遺伝子が発現し、それをもとに次々に決定が進行して胎児のもととなる胎芽が作り出されるのだ。その過程では原因が結果を作り、その結果が次の原因となって発生は進む。それを進めるのに関わっているものが、広い意味でサイトカインに属する不確実な分子だったのだ。

私が私の形をしているのは、こうした事件が系統的に積み重なって、何ものでもない受精卵から、すべての態勢と個別性を備えた個体が作り出されたからである。私というものは、初めから決まってはいなかった。細胞間の段階的な情報交換の結果、なんとかうまく生成することができた危うい存在だったのである。

免疫の「自己」の作られかた

私は動物の個体が発生してゆく過程の中でも、ことに後成的な部分のみを強調してきたが、ここでもうひとつの無から有の発生モデルを検証しておきたい。それは、動物の個体が、「自己」と「非自己」

を識別して「自己」の全一性を護る機構、すなわち、免疫系の発生の仕方である。それを見ておかないと、これから考えてゆく「超（スーパー）システム」という概念に近づくことができないので、もうしばらくこの議論にお付き合い頂きたい。

免疫系は、個体の中にはりめぐらされた防衛網である。細菌やウイルスなどの病気を起こす微生物、花粉やダニなどの異物、自分の内に発生した癌細胞や変異細胞、さらには輸血された型の違う血球や移植された臓器など、あらゆる「自己」ならざるものが侵入してきた場合に、それらを「非自己」として排除する。その働きはきわめて鋭敏で不寛容に見える。

免疫の働きを担うのは、リンパ球や白血球など何種類かの細胞とその生産物である。リンパ球には、これから述べるように、T細胞、B細胞、NK細胞などと呼ばれる働きのちがう細胞がある。

B細胞というのは、抗体というタンパク質を合成して分泌する細胞である。T細胞には免疫反応を亢進させるヘルパーT細胞とか、異物細胞に直接とりついてそれを殺すキラーT細胞とか、免疫反応を抑制するサプレッサーT細胞などが含まれる。T細胞もB細胞も、計算上は億単位の異物のそれぞれを見分けるための、アンテナのような構造、「受容体（レセプター）」を持っている。NKというのはナチュラルキラーの略で、T細胞でもB細胞でもないが、異物細胞を見つけ出して殺す働きがある細胞で、ウイルスに対する自然の抵抗性や癌の免疫などに関係している。

このほかにも免疫系にはマクロファージと呼ばれる白血球の一種が含まれている。いろいろなタイプのマクロファージがあって、異物を食べて消化したり、その断片を細胞の表面にくっつけて、T細胞に「認識」させるなど重要な働きを持った細胞である。血液中の白血球も、広い意味での免疫に関与している。免疫というのは、こうしたさまざまな細胞が協力しあって、大がかりな「非自己」排除作戦を営む、「自己」の反応体系なのである。

そうした多様な細胞が、さまざまな外界の情報を認識し、状況に応じて反応を起こす。まるで脳の機能にも匹敵する高次の情報処理システムだが、脳神経系が神経線維でつながれてまとまった臓器を形作っているのとは違って、免疫細胞は血液中をばらばらに流れている浮遊細胞である。細胞間の情報交換に使われるのは、さっき述べたサイトカインなのである。脳神経系の細胞が、生後は分裂することがないのと違って、免疫細胞の方は、寿命がくると死に、次々に補充される。それにもかかわらず、免疫系は「自己」の反応様式を一生にわたって維持する。

どのようにして免疫系の「自己」が形成され、維持されるかについてはいずれゆっくりと検証するが、ここではこうした多様な細胞群がどのようにして作り出されるかを眺めてみることにする。

T細胞、B細胞、マクロファージなど、機能の異なる細胞群のすべては、実は造血幹細胞という、たった一種類の細胞に由来するのである。幹細胞というのは、いろいろな細胞に変化（分化）してゆくポテンシャルを持った原始的な細胞である。造血幹細胞というのは、血液中のあらゆる細胞、赤血球、白血球、マクロファージ、血小板など、さらに免疫反応に関係するB細胞、T細胞、NK細胞など、すべての血液系免疫系細胞の大もととなる祖先細胞なのである。

私たちの体では、一日に三千億個あまりの血液細胞が死に、その数だけ新生し補給されている。赤血球だけでも二千億個、白血球が七百億個、リンパ球が百億個以上である。一秒に三百五十万個の細胞が死んで、また生まれている計算になる。

気の遠くなるような数の細胞の損失は、同じ数の細胞の新生によって補われる。生体内では、このような生と死がバランスよく共存している。おびただしい死を補償しているのは、造血幹細胞からの赤血球、白血球、リンパ球などへの分化と、それらの細胞の増殖による再生なのである。

造血幹細胞は、ふだんは私たちの骨髄の中で眠っている細胞である。造血幹細胞の数は、計測のしかたで多少違うが、骨髄細胞数万個に一個の割合で存在すると考えられている。

二十日ネズミに大量の放射線をあびせると動物は間もなく死んでしまう。免疫血液系の細胞が破壊されたためである。

その動物に、造血幹細胞をたった三十個注射するだけで、赤血球も白血球も免疫細胞も、長期にわたって完全に回復する。人間の場合は約五十万個の幹細胞を注射すれば、すべての細胞がもとに戻るとされている。五十万個というのは、注射された細胞のごく一部だけが骨髄にたどり着くことができるからで、実質的にはその百分の一程度の細胞からすべての免疫血液細胞が作り出されている計算である。これが、チェルノブイリ原発事故や白血病の治療でも使われた、骨髄移植という医療の原理である。

さて、造血幹細胞が、どのようにして免疫血液細胞のすべてを作り出すかを眺めてみよう。幹細胞は、通常は分裂を休止した眠っている細胞であるが、時折目覚めては分裂を開始し、自分と同じ幹細胞を作り出している。数週間に一回分裂するといわれている。この段階の幹細胞は、自己複製以外には何の働きも持っていない、つまり何ものでもない細胞なのである。それが適当な刺激と条件が与えられると、さまざまな免疫血液細胞の先祖細胞、つまり赤血球になるもとの細胞とか、リンパ球になるもとの細胞とか、血小板になるもとの細胞とか、さまざまな免疫血液系の細胞に変化してゆくのである。

何がそういう変化を引き出すかというと、それが偶然としか言いようがないのだ。細胞がおかれていた環境、そしてさっき述べたサイトカインがあるかないか、あとは全くの確率論的とでもいうべきチャンスによる。たとえば、骨髄の中にいる幹細胞に、ひとつのサイトカインが働くと分裂が始まる。分裂した幹細胞の片割れは、赤血球に向かって分化を始める。他の片割れは白血球になってしまう。同じ幹細胞に別のサイトカインが働くと、今度はB細胞に変化してゆくといったように、偶然をもとにして運命が作り出されるのだ。

幹細胞のひとつが、たまたま「胸腺」という臓器に流れ着く。そこで、あるサイトカインが働くと、T細胞になる方向に分化する運命付けが決まる。しかし、胸腺以外のところで同じサイトカインが働くと、B細胞になってしまう。

条件次第で幹細胞は、こうして変幻自在にさまざまな血液細胞や免疫細胞に変化してゆくのだ。ある程度運命付けが行われた細胞に別のサイトカインが働くと、その運命付けは決定的になり、最終的には赤血球とか血小板とか、疑いようもない最終段階の細胞が作り出される。しかし、その前に別のサイトカインが働くと、運命を変えて別の細胞に変化してゆくこともできる。

こうしてみてくると、造血幹細胞から多様な血液細胞ができてくるプロセスと、受精卵からさまざまな組織ができてくる発生の過程には共通性が認められる。いずれも、それ自身は何ものでもない単一の細胞から、実体を持った多様な細胞で構成される生命のシステムが現れてくる過程である。そしてそこには、免疫における「自己」とか、発生における「個体」とか、まぎれもない生命の存在様式が形成されてゆくのだ。それを「無」から「有」を作り出す過程と言ったら言い過ぎかもしれないが、少なくとも、自分で自分を作り出す過程、すなわち自己生成の過程を見ることはできるだろう。

私がこの本『生命の意味論』で点検しようとしている生命の存在様式、「超（スーパー）システム」は、まずこのようにして、あらゆる可能性を秘めた何ものでもないものから、完結したすべてを備えた存在を生成してゆくシステムである。その多くの部分は、遺伝情報を担うDNAの決定に頼っているが、そうでない部分もある。遺伝情報はばらばらに書き込まれており、その読みとり方、実行の仕方にはかなりの自由度と偶然が入り込む。生命システムの生成は偶然と確率を伴っている。そこに、DNAの決定から離れた、「超（スーパー）システム」としての生命の形が見えてくると私は考えている。

超（スーパー）システムの誕生

卵から発生する個体、幹細胞から発生した免疫造血系の「自己」。その成り立ちと、動きを眺めた上で、もう少し「超（スーパー）システム」について考えてみよう。

大もとは、いずれもそれ自身では何の働きも持たない一個の細胞に過ぎなかった。初めのうちは分裂する度に、自分と同じものを作る。すなわち複製だけをやっている。

そこに偶然が働く。イモリの胚では、重力の関係で上と下が決まって、細胞の不揃いが生ずる。上の細胞に比べて下の細胞の方が大きい。無重力の宇宙船でイモリの発生の実験をした理由には、上と下はどうして決まるのかという問題も含まれていた。

卵細胞のころ精子が突入した側に位置するようになった細胞と、その反対側に位置するようになった細胞でも運命が違ってくる。厄介な議論は抜きにするが、カエルでは精子が突入した側に、分裂の結果偶然位置した細胞が、一般には腹側を作り出し、逆の方が背中になる。

幹細胞が、胸腺に偶然流れ着けばT細胞という免疫細胞になることはさっき述べた。別の条件では、同じ細胞が白血球になったり血小板になったりする。発生には、このように偶然を積極的に利用した上で、整然と進行する部分があるのだ。

胚では、上下と前後が決まるころから、それぞれの細胞に運命付けが行われる。細胞は自分のおかれた位置の情報を知り、それにサイトカインなどの誘導の情報が与えられて、多様な細胞に変化してゆく。これを「自己多様化」と呼びたい。自己多様化(self diversification)には、このような機能的に異なる細胞群への分化を中心とした第一段階の自己多様化と、あとで述べる免疫系や脳神経系にみられるような、ひとつの細胞群の中で多様な分子や結合を作り出す第二段階の自己多様化を起こすものとがある。

多様な細胞は、お互いに疎外したりくっつき合ったり、異なったサイトカインを使って交信して、心臓や腎臓、肝臓などの臓器を作り上げてゆく。それは、「自己組織化」と呼んでよいだろう。

一般には、すでに形成されている構造にうまく適応するように、あとから発生した細胞が付加されてゆく。T細胞などでは、第七章で述べるように、すでに存在している胸腺の上皮細胞が持っている組織適合遺伝子の産物（MHCという。人間ではHLA抗原である）に対して、適応できた細胞だけが生き残り、適応できなかった細胞は容赦なく殺されてしまう。これを「自己適応」と呼ぶことにする。

こうしてだんだんとでき上がってゆく個体や「自己」は、したがって、適応の上に適応を重ねてゆくわけだから、当然充足した閉鎖構造を作るはずである。ところが、個体も免疫系も、常に外界に開かれ、外部からの情報をキャッチしながら、その刺激に応じて自分を変えてゆく。このやり方を「閉鎖性と開放性」と呼びたい。

開放性をもとにして内部の自己変革を続けてゆくためには、必ずそれまで存在していた「自己」に照合しながら、したがってそれまでの「自己」のやり方を大幅に変更しないように改革してゆくのが原則である。それを「自己言及」と呼ぼう。発生も、免疫系の反応も、基本的にはすでに存在していた自分の行動様式に言及しながら、したがって既存の「自己」を破壊することなく、その行動様式の延長の上で進行してゆくのだ。

その結果どうなるかについては、もともと完全に決定されているわけではない。それぞれの個体の

「自己」のゆくえ、たとえばどのように老化してゆくかとか、どんな病気にかかるかなどは、個体自身が状況に応じて自己決定してゆくのである。

言うまでもなく、そこには遺伝的な決定もある。現代医学は、その決定論的な部分だけを強調してきた。特定の遺伝子を持っていると、何歳でどんな病気になるかということを、出生前からでさえ予知できるという。

たしかにそういう病気もあるが、実際にはそうでない病気も多いのである。特に免疫が関与しているような病気では、一卵性双生児で二人とも同じ病気に、それも遺伝的な影響の濃い病気にかかるとは限らない。

こうして私たちは、生命、ことに人間を含む高等脊椎動物の生命の、いままで注意されなかったもうひとつの面に気付かされるのである。ＤＮＡの決定から離れた自己生成系として生命を見るという観点。そのひとつは、あとで点検するように脳の回路形成である。そこから、人間そのもの、あるいは人間の作り出した文明に何が見えてくるか、というのがこの本の主題である。

超（スーパー）システムとしての生命は、これまで述べてきたようにいくつかのきわだった基本的な性格を持っている。キーワードだけ列挙すると、「自己生成」「自己多様化」「自己組織化」「自己適応」「閉鎖性と開放性」「自己言及」「自己決定」などである。

システムという単語を広辞苑で引くと、「複数の要素が有機的に関係し合い、全体としてまとまった機能を発揮している要素の集合体」という定義が出てくる。超（スーパー）システムは、しかし、要素そのものを自ずから作り出し、システム自体を自分で生成してゆくシステムである。要素も関係も初めから存在していたわけではない。

多様な要素を作り出した上で、その関係まで創出する。作り出された関係は、次の要素を生み出し、それを組織化してゆく。組織化されたものは、そこで固定した閉鎖構造を作り出すのではなくて、外界からの情報に向って開かれ、それに反応してゆく。反応することによって自己言及的にシステムを拡大してゆく。その全プロセスは、ＤＮＡのブループリントとしてあらかじめ予定されているわけではないのだ。結果として何が生ずるかは予知できない。

超(スーパー)システムが、システムの内部および外部からの情報に応じて、システムの運命を決定してゆくならば、最終的には矛盾が生じて自己崩壊が起こるかもしれない。ある種の病気や老化などは、その現れとみることもできよう。個体の「死」もまた、超(スーパー)システムの不可逆的、絶対的な崩壊とみることもできよう。それが、個々の細胞や器官の死を超えた、個体全体の死を定義することにもなると思われる。

超(スーパー)システムには、もうひとつ興味ある属性がある。

システムというのは、ことに人工的なシステムの場合は、特定の目的を持って構成されるというのが条件である。その目的を、いかに合理的かつ能率的に達成できるかというのが、システムの構成原理である。システム工学という学問は、この原理を研究対象としている。

ところが、超(スーパー)システムに目的があるかというと、ないのではないかと私は考えている。

発生も免疫も、個体の生命の成立と維持にはなくてはならない現象である。それでは、発生の機構が神の如き整合性を持つにいたった目的は何か。免疫系や脳神経系の発達には何か目的があったのか。単純に考えれば、種の維持とか個体の生存とかを目的と考えてもよいのかもしれない。しかし、DNAの総体であるゲノムで決定される種や、種の保存の実働体である個体の生命の維持という目的のためには、こんなに複雑で冗長なシステムを作り出す必要があっただろうか。昆虫でも軟体動物でも、その程度の目的ならばもっと単純な形で達成している。はるかに単純な構造で、種や個体を有効に維持している。

散在した神経節ばかりで、脳のようなまとまった構造を持たないクラゲのような動物や、数十万個ぐらいの神経細胞で動いているハエなども、きわめて美しい、そして生存をおびやかす危機からいちはやく逃れる運動能力を持っている。免疫系など持たないシジミやうじ虫も、微生物で汚れた環境にいるにもかかわらず体の中はほとんど無菌で、生体防御に成功している。脳や免疫がここまで発達しなければならぬ理由はなかった。むしろ超（スーパー）システムとして発達してしまったために、精神病や自己免疫疾患などさまざまな矛盾を内包するようになったと言うこともできるだろう。

超（スーパー）システムは、直接の目的を持たないシステムとして発達してきた。システム自体が自己目的化しているシステム。超（スーパー）システムは、超（スーパー）システム自身の内部的な目的で、新たな要素を追加し、複雑化させながら進化してきた。

現存する超（スーパー）システムの最右翼にいるのが脳神経系であろう。脳神経系は、意識の上での「自己」を持つ最も複雑な超（スーパー）システムである。基本的な構造は遺伝的に決定されているが、脳の「自己」の多くの部分は後成的に、外界の情報や、自分の身体の特徴を認識することによって生成してきたものである。その脳の発達には目的があっただろうか。むしろ、脳は脳自身のために進化してきたと考えるのが妥当ではないか。

免疫もまた、伝染病から体を守り、「非自己」の侵入を排除して「自己」の全体性を決定する。しかし、免疫が病いから身を守るために発達したとのみ考えるのは皮相であろう。免疫系がこのように進化したのは、免疫系が自己目的的に発達し、それが伝染病などによって選択を受けた結果に過ぎない。

超（スーパー）システムのこうした属性は、多様な細胞や器官の上に統合されている脊椎動物などの生命を考える上でまず重要だが、一方では、言語、都市、経済活動、国家、民族などの属性でもあることに気付く。実際、人間の文化活動自体を超（スーパー）システムと考えることもできるように思われる。

では、こうした人間の作り出した文化現象は生命を持っているのだろうか。

私は敢えて持っていると言いたい。言語も都市も国家も、高次の生命活動であると私は思う。これからの章で、私は現代の生命科学で発見されたさまざまな現象を眺めながら、超（スーパー）システムとしての人間と、それが作り出した文化現象について考えてみたいと思う。その上で、ひるがえって超（スーパー）システムを支える生物学的「自己」という概念を再点検し、それを成立させた原理を探ってみたいのである。

『免疫の意味論』をめぐって

多田富雄さんのこと1

松岡正剛

　五木寛之が愉快なことを言った。ぼくは物心ついてから意識的に手を洗ったことがない。すると多田富雄が、それで免疫力がついたのかもしれませんね。

　また五木寛之がこう言った、昔は鼻たれ小僧の青っ洟には緑膿菌などの雑菌がいて、それなりに免疫系を刺激していたわけでしょう。そのほうが花粉症などおこらなくてすんだんじゃないですか。多田富雄が笑いながら答えた、東南アジアで水を飲むとわれわれは下痢をしますが、向こうの人たちは平気です。これが免疫の本質です。でも、不潔だからいいということじゃないんです。

　問題は「部品の病気」と「関係の病気」ということなのである。部分が治ったからといって、関係が治ったわけではない。多田富雄さんはつねに「関係の病気」を研究し、そのことを文章にも、能にも、詩にも、してきた。

今度は多田富雄が、こう言った。私は井上さんの『私家版日本語文法』を何度読んだかわかりません。そこで、あれに触発されて、「私家版免疫文法」というスライドまでつくったんです。免疫にも文法の時制のようなものがあるんです。

そうしたら井上ひさしが、こう言った。教室で一回さされると、当分さされることはない。これは免疫みたいなものですね。われわれは日々、自己と非自己をくりかえしてるんですね。それがどのようにスーパーシステムになるかというと、ひょっとするとそれは戯曲や小説を書くときのしくみと似ているかもしれませんね。

多田富雄が、こう言った。ふつうのシステムはいろいろな要素を組み立ててできるんです。スーパーシステムは、要素そのものまで創り出しながら自己組織化していくシステムのことです。まさにすぐれた文学と同じです。井上ひさしが、膝を打ってこう言った。形容詞ひとつで芝居は変わってしまいますからね。その形容詞ひとつが男と女の成り立ちにまで関係しているので驚きました。『生命の意味論』(新潮社)を読んでいたら、「人間は女がモトで、男は女があとから加工されてできあがった」と書いてあったでしょう。同性愛すら生命意味論なんですね。多田富雄が、微笑して言った。男はむりやり男になっているんですから、型通りにならない男はいくらでも出てくるんです。

多田さんには、スーパーシステム論という大胆な仮説がある。

われわれは遺伝情報とともに免疫情報や内分泌情報をもっているのだが、その両方を組み合わせていくと、どこかに要素を創発しているとしか思えないしくみがあることに気がついた。それがスーパーシステムの特色である。けれども、どうもその創発は女性（メス）が思いついたようなものなのだ。

このことについては、ぼくもすこぶる関心があったので、『千夜千冊』の）第四一四夜には『性の起源』を、第九〇五夜には『聖杯と剣』を渉猟しておいた。しかし、多田さんは、そこをこんな名文句でまとめてみせた、「女は存在だが、男は現象にすぎない」と。

スーパーシステムでは自己も目的も曖昧なのである。自分でルールをつくってそれを生かしていくわけなのだ。

そこで中村桂子が、こんなふうに言った。スーパーシステムは自己創出系と言ってもいいでしょうね。ただし、最適解を求めているわけではない。生命には「最もよいという発想」がありませんからね。

多田富雄も同意する、生命は、きっと曖昧の原理のようなものを最初から含んでいたんでしょう。

中村桂子は、さらに続けた。しかも目的があってもそれぞれ別なものになっていて、それらを統合する役割をどこかがもっているわけではありませんからね。多田富雄も言った、生命にはオーケストラの指揮者はいないんです。けれども遺伝子のひとつずつはそれぞれ意味についても無意味についても何らかの機能をもっていて、自分で役割を終えて自殺する遺伝子もいれば、繋ぎ役や何の役にもたたないイントロンやエクソンもいるわけです。免疫系でもアナジーといって、反応をやめちゃう機能をもつこともあるんです。それらを含めて、生命には関係の相対において曖昧がありますね。

免疫系が何をしているかといえば、抗体抗原反応をおこしている。抗原は外部からやってくる病原菌やウィルスなどである。これが非自己にあたる。高分子のタンパク質や多糖類であることが多い。

われわれは、これに抵抗するためのしくみの担い手として抗体をつくる。これが自己である。非自己がなければ、自己もつくれない。

しかも抗体は胸腺のT細胞と骨髄のB細胞の二種類がなければ動かない。B細胞が抗体をつくるには、T細胞がなければならない。ということはT細胞からB細胞になんらかの指令が届いているはずで、そこには情報が関与しているはずである。この情報は免疫言語とでもいうべきもので、かつてはインターロイキン（ロイキンは白血球のこと）と、いまはサイトカイン（サイトは細胞、カインははたらくもの）とよばれる。

そのT細胞にもいろいろあって、免疫反応を上げるはたらきのあるヘルパーT細胞も、それを抑制するサプレッサーT細胞も、癌細胞などに直接に結合してその力を消去しようとするキラーT細胞もある。こうした免疫系の原型はメクラウナギなどの円口類からじょじょに形成されてきて、われわれにまで及んだ。

免疫系にはまだまだわからないことが多いのであるが、多田さんは、本書『免疫の意味論』にこう書いた。「免疫というシステムは、先見性のない細胞群をまずつくりだし、その一揃いを温存することによって、逆に、未知のいかなるものが入ってきても対処しうる広い反応性を、すなわち先見性をつくりだしている」。

次に白洲正子が、こう挨拶をした。先だってはわざわざ病院までお見舞に来ていただいてありがとうございます。あのころはもう、夢うつつで、いろんなことをやったわよ。お能を舞ったりね。

多田富雄も応じた。私も死ぬときにどんなことをするかよく考えます。きっと『融（とおる）』の早舞なんてやるのかもしれません。白洲正子が応じた。だから死ぬなんてちっともこわくないのよ。死にそうなときって、なんだか岩山のようなものが見えたわね。落ちたらそれきりなんだけど、私は『弱法師』の出のところを舞ってるのね。夢の中のそのまたその自分の心の中でね。

多田富雄は深く頷きながら、こう言った。私は今年、顔面神経麻痺になりまして、顔面神経は七本に枝分かれしているのですが、その一本が味覚の神経になっていて、そのため味覚障害がおこるんです。顔面神経はカッコわるいのをがまんしていればすみますが、味覚が一カ月もないのは、きついですね。すると白洲正子が平然と言ってのけた。あら、私はドイツで子宮外妊娠で破裂しちゃったんだけど、手術の麻酔も失敗したらしく、一年ぐらい何を食べてもエーテルの味だったわよ。

多田富雄は気圧されて、こう言った。味覚というのは記憶です。白洲正子はこう言った、でも、『隅田川』の「親子とてなにやらん」というような、仮の世の記憶というのもあるみたいよね。

多田さんは少年のころから小鼓に親しんできた。新作能も書いている。『無明の井』では脳死と臓器移植を扱い、『望恨歌』では朝鮮人強制連行事件を扱った。

最近ではアインシュタインの特殊相対性理論をあしらった『一石仙人』がある。大倉正之助（第八六六夜）が舞台に上げた。ニューヨークで『無明の井』が上演されたときは絶賛され、ドクター・

ノオとよばれた。

多田さんの能は、まさに「仮の世の記憶」を書いている。それは能舞台を借りた〝生命の複式夢幻能〟というものだった。


その多田さんが二〇〇一年五月に、旅先の金沢で脳梗塞の発作に襲われた。生死のさかいをさまよったのち、目覚めたときは右半身が完全に運動麻痺となり、声を失っていた。嚥下も困難で、水を飲んでも苦しい。

多田さんは一夜にして虫となったカフカの『変身』を思い出し、脳裏をダンテ『神曲』（第九一三夜）の「この門をくぐるもの、すべての希望を捨てよ」が過った。自殺も考えたという。

いま、多田さんはバリアフリーの部屋に住み、重度障害者として生きる望みをもちはじめられたとおっしゃる。このことは、今年の四月に刊行された柳澤桂子さんとの往復書簡集『露の身ながら』（集英社）にもつぶさに綴られていて、心を打つ。

柳澤さんもまた三〇年来の難病に苦しめられたまま、結婚生活四三年のうちの三二年を闘病に費やした。そのあいだ、生きる望みは書くことだけだったという。すでに第二九五夜に紹介しておいた名著『二重らせんの私』は、そのうちの一冊だ。

そのときは遠慮して書かなかったのだが、柳澤さんは病名を求めても医師からは「おまえのせいだ」と言われるばかり、やっと一九九九年になって脳幹異常による周期性嘔吐症候群と低脳液圧症候群という病名が与えられた。

ぼくが最初に入院したのも脳脊髄液の水位の異常によるもので、ずっと嘔吐が伴った。


多田さんも書いておられることだが、生命の恐怖というものは多様にあるものだ。

そのうちの一部が、いま医療によってもたらされているとしたら、これは患者にはおもいもよらない生命の恐怖のひとつである。多田さんは金沢で倒れたあとにストレッチャーに乗せられて、初めてＭＲＩにかけられたときの恐怖を書いている。声が出ない多田さんの耳に暴力のような機械音が侵入してきたからだ。

一年にわたる入院生活をおえても、そのときの苦痛を声と言葉で訴えられなかった恐怖のほうがいまだに去らないという。


多田さんは構音障害のなかにいる。言葉はいっさい喋れない。けれども、その奥からは何かがやってくる。

それは石牟礼道子さんが「含羞」からの叫びを記録したという意味で、まさに同じような叫びだった。多田さんは倒れる前に、その石牟礼さんの新作能『不知火』に、土俗の神が何度でも生まれ変わって魂の救済を訴えているというオマージュを捧げていた。

しかし、それは多田さんにこそおこっていることなのだ。

こうして、ごく最近、一週間ほど前に、多田さんは『歌占』(藤原書店)という詩集を上梓した。この表題は能の『哥占』を想わせる。伊勢の神官が死んで三日目に蘇ると、白髪の予言者となって将来を予告するというクセ舞である。けれどもその度がすぎて神の懲罰をうけて鎮まっていく。多田さんはその渡会の神官に自身を擬したのだ。

表題の『歌占』という作品が冒頭に示されていて、次に『新しい赦しの国』という詩につづく。そこには、こう綴られている。

おれは新しい言語で
新しい土地のことを語ろう
むかし赦せなかったことを
百万遍でも赦そう

老いて病を得たものには

その意味がわかるだろう
未来は過去の映った鏡だ
過去とは未来の記憶に過ぎない
そしてこの宇宙とは
おれが引き当てた運命なのだ

「はにかみの国」と「赦しの国」。日本は一人ひとりの内側でT細胞とB細胞を躍らせて、それぞれ一途で多様な面影の国を蘇らせるしかないようだ。

参考 ここで前半にとりあげた会話は、主に多田富雄『生命をめぐる対話』（大和書房）から援用し、複式に再構成してみたものです。千夜千冊のいくばくかのメリーゴーラウンドに、多田さん、五木さん、井上ひさしさん、白洲さん、中村さん、柳澤さん、石牟礼さんがあたかも露伴『連環記』のように、漂巡回遊しているかのようにしてみたかったからでした。みなさん、失礼しました。でも、やっぱり面影を持ち重りしてみたい、です。

Ⅱ　能と現代

新作能　一石仙人

創作ノート

二十世紀最大の科学の発見といえば、量子力学、相対性原理、そして遺伝子ＤＮＡ構造の解明であろう。ことにアインシュタインの相対性原理は、私たちの時間と空間の認識を一変させ、宇宙の概念、さらには人間観そのものまで変革した科学思想として大きなインパクトを持っている。

ところが、相対性原理についての専門書や入門書は山ほどあるが、その思想がわれわれ人間に何を語りかけているかについて説いたものは少ない。科学者にとってさえ難解な相対性原理は、たとえ入門書であっても複雑な数式を用いたやり方でしか語られず、人々の心に直覚的に訴えかけるようには伝えられていない。

私が相対性原理のふしぎな世界に初めてふれたのは、大学に入って間もなく、友人と朝から晩までとりとめのない議論をしていたころのことであった。物理学が得意だった友人が、光に向かって高速で進むと光の波長が変わって青く見えるという「光のドップラー効果」について話してくれた。救急車が、ピーポーという警笛音を鳴らしながらこちらに向かってくる時その音は高くなるが、目の前を過ぎて遠ざかってゆく時には低い音になる。光もそれと同じだ、と絵に描いて見せてくれた。オートバイに乗って雪の中を突っ走ると、雪は前方の一点から降ってくること、そして後方の一点に向かって消えてゆくことなども、この友人のオートバイにまたがって実際に経験したことである。そんなきっかけから、相対論の入門書を読みあさり、そのふしぎな世界にのめりこんでいった。勿論すべてを理解したわけではないが、時々は相対論の世界の夢をみるほどだった。やがて、原子爆弾も、太陽熱エネルギーも、ビッグバンに始まる宇宙も、そしてやがて訪れたコンピューターネットワーク社会も、相対性原理によって生じ、それを基礎に発展したものであることを知った。相対性原理は、私たちの身の周りにあったのだ。

人間の世界認識まで変えてしまったこの思想を扱った芸術作品はあるのだろうか。相対論は芸術にどんな影響を与えたのだろうか。

現代芸術には、何らかの形で相対性原理の影がさしている。この思想が、時間や空間、世界と人間の認識に全く新しい観点を導入したのだから当然であろう。そういう眼で、ピカソやエルンストの絵を眺めることもできるし、現代音楽にそのエコーを聞くこともできよう。

でも相対論の世界を、演劇で直接的に表現することはできないものだろうか。乱暴かも知れないが、私は能で表現することを考えた。

能には相対性原理を表わすのに適当な技術が使われていると思った。それにこれまでの能の作品にも、仏教思想や東洋の自然観など、ある種根元的な思想を題材にしたものが多い。

たとえば、能の中ではしばしば時間が伸縮する。「急ぎ候ほどに、はや都に着きて候」といえば、瞬時に時空を超えて旅することができる。観客もそれを受け入れる下地がある。

「張良」という能で、後シテが現れるところを思い出してみよう。大ベシというゆっくりした音楽のうちに、「黄石公」という人物が橋掛りに現れる。うなりのような大ベシの響きが、ドップラー効果をもって、はるかかなたにいたはずの黄石公を一瞬のうちに舞台に出現させ、しかも彼がすでに長い間土橋に腰かけて待っていたことを観客に納得させてしまうのだ。勿論、名手が演じて初めて、こんな時間の伸縮を表現することが可能なのだが、この種のトリックは能のいたるところで使われている。

私は数年来、この考えを胸に抱いて相対性原理の入門書を再び読みふけった。二〇〇〇年に入って、いよいよ能の形にまとめてみようと思いいたった。

用意していたメモを頼りに、舞台の構成を考えた。一石仙人(いっせき)という名は、アインシュタインをドイツ語読みした時の洒落である。そのアインシュタイン自身が舞台に現れて、相対性原理を実現するという筋である。

まず「次第」の囃子で、ワキ、ワキツレを従えた女(ツレ)が現れる。能「山姥」と同工である。そしてこの能の背景が語られる。場所は異境の砂漠。女の一行はここで日蝕に出合い、闇の中でふしぎな羊飼いの老人に呼びとめられる。老人は日蝕時に観測される光の歪みについて語る。蝕を晴らして消える謎の老人。これが一石仙人の前身なのである。

そこに都からの早打が現れて、相対論に含まれる有名な時間の相対性を語る。高速で移動する者と、地上に静止している者の時間の速度が異なるという、いわゆる「双子のパラドックス」の話である。はるか西の国の砂漠に、唐織姿の女や、中世の早打が出現してもおかしくないのが能の面白さである。やがて大ベシの囃子で、一石仙人が橋掛りに本体を現す。実際のアインシュタインを思わせる茗荷悪尉の面を着けて。そして星降る銀河のもとで相対性原理の宇宙観と、それをふまえた人間存在についての摂理を述べる（クリ、サシ、クセ）。

私はかつてアフリカの砂漠で、降るほどの満天の星を眺めたことがあった。またたく間にいくつもの星が流れたので仰天した。砂漠で宇宙を思うというアイディアは、この経験から生まれた。

クセでは宮沢賢治、『万葉集』の柿本人麻呂、仏教の「一月三舟」の説話などをひきながら、相対論の主要な問題を提示した。在来の能でも、「白鬚」などには天文学的数字が現れるが、ここで扱う何十億光年という時空には匹敵できまい。しかし「歌占」や「山姥」で語られる世界には、ほとんど相対論を超えた宇宙観があったことを知って、改めてびっくりした。

一石仙人はやがて核子たち（子方）を解き放ち、縦横に舞台を走らせて核エネルギーの力を見せつける。この能のメッセージのひとつは、それを戦いや破壊に使うことを固く戒めるところにある。

そして一石仙人は、時空を旅する「立廻り」を演じ、ビッグバンに始まる宇宙観を説き、ついにはブラックホールに吸い込まれて消える。このような無限の世界を知ることができるのも有限の人間である。そういう人間存在のふしぎをわれわれに示しながら、シテは再び無の世界に帰って行くのである。

この能は、いうまでもなく相対性原理や量子力学の解説をしようとしたものではない。二十世紀に入って展開した新たな時空認識の世界を象徴的に垣間見せ、そのふしぎに眼を開いてみようというのが、この能の目的である。能の言葉の限界もあって、理論の詳細を記載するなどということはもちろん不可能である。表現しにくかった部分について、観客は註を参照されたい。

しかし、この新作能の試みで、私たち一般の人間が、相対論の世界の存在に気づき、それに思いをいたらせることができたならば、作者としては幸いである。子供の頃、星を眺めて夢見たメルヘンの世界だと思ってもよい。またこの新作能は、古来の能の形をかなり保守的に守ってはいるが、相対論を題材にすることで新しいキャラクターを能に取り込み、能の限界を少しでも広げることができるのではないかと思っている。舞台の上でこれが実現できればどんなにありがたいことか。

本文中のわかりにくい言葉には、最後に註をつけた。参照されたい。

一石仙人（いっせきせんにん）

前シテ　羊飼いの老人
後シテ　一石仙人
ツレ　女大学
子方　二人　核子
ワキ　男
ワキツレ　従者
アイ1　強力の従者
アイ2　早打

（次第）

ワキ、ツレ　〽時世の外の旅なれや　時世の外の旅なれや　真理の法を求めん

ワキ　（詞）これは東方より来たれる者にて候。またこれにましまます御事は、都に隠れもなき女大学にて候。さてもこの君、女の身にてありながら、宇宙万物の理を知らんと、窮理の道に志して候。（万巻の書をひもとき、星辰をはかり、数理天文の術を重ぬれども、いまだ時の初め空の涯をも知らず。ついに人間の本性、物の本質に至ることかなわず候。）　＊（　）内なしにも

さて海山万里の彼方、欧亜の涯に、一石仙人と申して尊き知識のましまして候。相対の摂理、量子の論議、果ては揺らぎの機微までもことごとく解き明かしたると聞き及び、世界の根源をも訊ねんため、はるかなる旅に出でて候。

（道行）

ワキ、ツレ 〽万里の波濤、絹の道 万里の波濤、絹の道 氷の山と死の湖の 果てに広ごる黒き森。異教の寺や、市の人 駱駝の脚にまかせつつ 恒沙の国を過ぎゆけり 恒沙の国を過ぎゆけり。

ワキ （詞）かかる荒野にいでて候。いまだ日も高く候えば、岩根の蔭におん休み候え。

（別に）あら、ふしぎや。いままでは、日輪中天に輝きしに、にわかに鉛のごときものに閉じられ、あたりは闇に包まれて候。

〽天に星々現われ 遠く雷、稲妻走る げにもこの世の終りかとよ

ツレ （詞）いまさら驚くにあらず。これは蝕と申して、月、日輪をかくして光至らず。しばらく静かにおん待ち候え。かかる奇跡に会うことも、げに一隅の縁なるべし。

シテ （羊飼いの老人、呼びかけ）

のうの旅人。方々はいずくより来たり、いずかたへおん過ぎ候うぞ。

（問答）

ワキ　（詞）これは東方より来たれる者なるが、にわかの闇に前後を忘じて候。そもこれはいずくの国にて候か。また、いかようなる時にても候うやらん。

シテ　ここはいずくにてもなし、またいずくにてもあり。また時とても、過去にても現在にてもあるべし。確かな時空などあると思うなよ。

ツレ　ふしぎやな。この時が、今にても昔にてもありとのたまうや。

シテ　まずあの星をごらんぜよ。いま目前に輝やけるも、十万光年の過去の光。〽今と見るも昔。昔とみしも現在なり　またあの暗黒の太陽の、そばにまたたく星の光も　重力に曲げられて

地謡　〽彼処にては無かりけり。時空は歪み、光さえ　曲がる世界のありけるぞ。とらわれ給い候な　とらわれ給い候な。

ツレ　（詞）げにも妙なる理を、おん告げ給うありがたさよ。おん身はいかなる人やらん。

シテ　これは羊飼いの老人なるが、日ごろ砂漠をさまよい、夜は星、昼は日。砂の流れ、風の向き。飛鳥の叫び、獅子の声。または雷、稲妻。隕石の落つを見ては、天地万象のことを思い候。あら、はや光の戻りて候よのう。

ツレ　〽げにげに新月に閉ざされし、

地謡　〽日輪ふたたび光(かげ)を現わし、さんさんたる日の光(ひかり)あたりを照らし給うぞや。

ツレ　されば時空の理(ことわり)を、なおも詳しくおん語り候え。

シテ　われらごときの羊飼いの、しるべきことにあらざれば、眞(まこと)の宵の闇を待ちて、一石仙人に問い給え。

〽蝕の闇、明くるとともにわが名をも。

地謡　〽明くるとともにわが名をも、明かしつ星も消えゆけり。いまはわれも帰りて、かの星々の廻りくる　まことの夜の闇のうちに　再び姿を現わさんと、いうかと見るやたちまちに　砂嵐をまき起して、光り物にうち乗り　空の果てに消えにけり　空の果てに消えにけり。

【中入り、来序】

アイ1　（早打、杖にて現われ一巡）
（七）ふしぎや、ふしぎや。ふしぎや、ふしぎや。不思議のことやな。とうど息が切れた。
（作り物の陰で休む）

ワキ　（シテに向かい）
ただいま砂漠の彼方より、何者か喚（おめ）き叫び走り来るもののござ候。何事か、尋ねさしょうずるにて候。
（別に）いかにたれかある。

アイ2　おん前に候。

ワキ　あの騒がしきは、何事を申すぞ、急ぎ聞いて参り候え。

アイ2　かしこまって候。まことにかまびすしきことじゃった。あれそこにいる。のうのう、そこな者。何をふしぎとわめいていたぞ！　ふしぎとは何のことじゃ。語って聞かせいやい。

アイ1　おことこそ、このような砂漠で何をしているぞ。

アイ2　それがしの主人は、一石仙人とやらをたずねて、はるばる来たれる旅のものじゃ。

アイ1　なんと、一石仙人とや。仙人はここらにござ候か。われらも一石仙人に不思議なることを告げんために、これまで急いできたるものでござる。

アイ2　して不思議とは何のことじゃ。

アイ1　これをふしぎといわれず候か。さてもさてもふしぎなることの起こりたるものかな。

アイ2　さればこそ何事なるぞ。

アイ1　（語り）このほど日本の都の空に、怪しき光り物降りくだり、世にもふしぎなることの起り候。そもそもことの起こりは、十年あまり前の神かくしにて候。都、下京あたりに、双子の兄弟ありけるが、世に瓜二つと申すごとく、顔かたち寸分たがわず親も見分くることかなわざりけり。さるほどに、兄たる男アイ2　の子、七つの年天狗にとられ行方しらずなり申して候。

アイ1　それは大変なことじゃ。してなんとした。早く聞かせいやい。

はや十年あまりにもなりしとき、あの比叡の山のかなたに妖霊星の如きもの現われ、電光のごとき迅さに飛び来たり、四条河原のあたりに落ち申して候。

アイ2　してそれは何であった。

アイ1　京童大きに驚き、河原に行きて訊ねけるに、光り物の落ちしあたりに、十ばかりなる幼き者の立ちて候。名を問えば十年あまり前天狗にとられし、双子の兄と申す。よくよく見れば面ざし少しもたがわず、兄弟の対面をなさせ申して候。

アイ2　それは良かった。喜んだであろう。

アイ1　さにあらず。都にありし弟は、十年の間に成人なし、たくましき若者となりて候に、天狗にとられし兄は、いまだ前髪の小人のままにござあり候。この兄、弟に語りしは、七つの年に天狗にとられ、光り物に乗りて電光のごとく中有を旅せしが、帰りて見れば、弟ははや年長となり、父母も老い、親戚の者は世を去り、まことにうつつとも覚えずと申して涙を流しけり。

アイ2　げにも二人の者に流れし光陰は異なりしか。

アイ1　そうよ、そうよ。京の物見高き人々は皆いぶかり申して候。

アイ2　もっともじゃ。それは一石仙人といえる賢者の説かれし、双子の話とそっくりじゃ。

アイ1　げにもげにも一石仙人の申せし如く、光とともに飛び行く者の光陰は遅く、止まる者のときは迅しとはこのことなるべし。あまりにふしぎのことにて候えば、このことを人々にも伝え、仙人にもしらせ申さばやと、いま国々をめぐり歩き候。仙人はいずくにましますか。急いで伝え申さばやとこの国へも来たりて候。

アイ2　まことにふしぎなことじゃ。われらも急いで帰って、あるじにお伝え申そう。

アイ1　ふしぎや、ふしぎや。ふしぎや。えい、ふしぎなることよのう。

（本幕で去る）

アイ2　（詞）ただいまの話をおん聞き候か。

ワキ　確かに聞きて候。（ツレに向かい）これは何としたことにて候ぞ。

ツレ　まことに不思議なる事にて候。

ワキ　かかるふしぎを知る上は、眞（まこと）の法（のり）を聞かんため一石仙人を待とうずるにて候。

ワキ、ツレ　（待謡）〽夕陽（せきよう）砂に隠るれば　夕陽（せきよう）砂に隠るれば　星、満天にまたたきぬ。星雲乱れ嵐吹き　獅子座に流星流れたり。（八）これぞゆらぎのきざしかや。

（オオベシ）

シテ　（一声）〽おお渺々（びょうびょう）たる宇宙よな。（九）十万光年の彼方より　一千億の星々が　一（いっ）の銀河を織りなせる。かかる銀河が億千と　たんだく先はいまもなお　遠（十）ざか

りゆく涯ぞかし。さて、星々は、天空に

地謡　〽大渦巻きを描きつつ　時空輪廻(十一)の理(ことわり)を現わす。この大宇宙に、星(十二)は生れ、

星は死す。

シテ　〽まして人間においてをや。

ワキ　(問答)〽ふしぎやな　星降りかかる地平より　光に乗りてたちまちに　現われ給う

老人は、一石仙人にてましますか。

シテ　われ幼少の昔より物の本性(ほんじょう)を求め　時空の源を尋ね　ついに知り得し理(ことわり)

を　相対の理(り)とは申すなり。

ツレ　〽今宵は星も天に満ち　廻る銀河の流れを引きて　宇宙の摂理を語り給え。

シテ　(詞)語り申さん。このために　会うこと稀なる蝕の日を　選み申して来たりた

り。よくよくおん聞き候え。

地謡　(クリ)〽それ時空の開闢(かいびゃく)と申すも、一点(十三)より始まれり。一(いっ)(十四)の火球と現じて膨張と

どまることなし。億の銀河を生み出し、星辰限りもなし。

シテ　(サシ)〽百億(十五)年の昔とかよ。

地謡　〽また(十六)その前は絶対の無、時もなし空(くう)もなし。やがて光と物質を生み　宇宙の根源をなせり　さらに(十七)天体を凝(ぎょう)じて　天地(あめつち)分かれたり。

シテ　〽五蘊(ごうん)のうちに生(しょう)を(十八)発し、

地謡　〽雨露鳥獣をはぐくみ　ついには人(十九)間を生めり。

シテ　〽さらに(二十)五億年を経ぬれば、

地謡　〽地球とても氷に閉じられ　絶対温度のそのもとに　死の星となり果つべし。

地謡　(クセ)〽地を走るけだもの、空を飛ぶ鳥　花木虫魚に至るまで　この法(のり)を免がるることなし。ましてや人間、もろ(二十一)ともに宇宙の、微塵となりて　無方に散乱すべし。しかるに　万物の理(ことわり)は　時空には歪みあり　止(二十二)まるものとゆくものに　光陰は等しからず　重(二十三)力もまた異なれり　たとえば千仞(せんじん)の　谷に落ち行く獅子の仔は　己が重きを知らぬなり　力(二十四)は質量にことならず　日輪の燃え尽きざらんゆえなり。

シテ　〽しかれば天の海

地謡　〽光(二十五)の舟にうちのりて　星の林を漕ぎ行けば　星(二十六)はみな、一点より現れ　一点に向かい消えゆけり。近づく[二十七]星は青くして　去る星は赤かりき　また激流に流さるる　弧舟（こしゅう）より月をながむれば　一月三舟（いちがつさんしゅう）の理あり[二十八]　月なき夜[二十九]の葦舟は　止まるも行くも覚えず。

シテ　〽いで核子らを解き放ち　核の力を見せ申さん。核子らよ来たれ。

（子方二人、舞働）

シテ　〽かかる力を見る上は　戦、争い、破壊には　原子[三十]の力よも使うまじ。忘るなよ、人間。

シテ　〽されば重力に逆らいて　宇宙の有様見せ申すべし。

（立廻り）

シテ　〽か[三十一]ようの不思議を知ることも　人間にほかならず　この世のまことの不思議とは、無限を知れる人間。

地謡　〽“[三十二]Raffiniert ist der Herr Got aber boshaft ist Er nicht”

シテ　〽混沌（カオス）の海に秩序（コスモス）を生じ

地謡　〽混沌（カオス）の海に秩序（コスモス）を生じ　生命（いのち）を宿せし、輪廻の時計も　いまは見えたり、さらばよと　彼処（かしこ）の星雲、宇宙の微塵（みじん）を　波立て　打払い　時空に飛行（ひぎょう）して、ここと思えば彼処に立って　あれあれ星も死にゆくぞと　天を指さし、地軸を貫ぬき　たちまち起る電磁の嵐（あらし）　重力を越え、時を戻し、歪める地平のさかしまの天地に　すなわちひとつの火球（かきゅう）となって　すなわちひとつの火球（かきゅう）となって　黒点[三十三]に引かれて失せにけり。

（幕に跳び込む）

註

（一）ドイツ語で読んだ、アイン＝一、シュタイン＝石、からの洒落。

（二）人間はどこから来てどこに去るかという謎。

（三）相対論ではニュートンの絶対時空は存在しない。また量子論では場所や速度は確定できない。

（四）太陽系銀河で最も遠い星は、十万光年の彼方ということになっている。したがっていま眺めている星は十万年前の星の姿である。

（五）日蝕の時、太陽の近くでは太陽の重力に引かれて星の光が曲がっていることが観測された。アインシュタインの一般相対性理論の証明。

（六）「時空は歪む」は、一般相対性理論を基礎に証明された。
（七）双子のパラドックス。光速に近い速さで移動している方の時間は遅れる。「浦島効果」とも呼ばれる。
（八）無から有を生じた最初の事件は、「ゆらぎ」とされる。
（九）太陽系宇宙の縁は十万光年の彼方である。太陽系宇宙は二千億ていどの星からなる銀河である。
（十）大宇宙の最も外側は、いまも光速を超える速さで膨張し続けている。
（十一）宇宙は死と生成を繰り返す。
（十二）宇宙では、星は褐色星として生まれ、数億年輝いたのちに白色矮星から黒色矮星となって死ぬ。重量級の星は爆発して超新星となり、その後、白色矮星、中性子星、あるいはブラックホールに変わって一生を終える。
（十三）宇宙の始まりは、特異点という微小点であるとされる。
（十四）いわゆるビッグバン。特異点に大爆発が起って急速に宇宙が生じたという説。
（十五）宇宙の始まりは、宇宙の膨張の速度から計算して百数十億年ていど前であろうと考えられている。しかし、測定法に応じて七十億年から二百億年ほどの幅がある。
（十六）特異点より前は、時間も空間も、現在のような物理法則も存在しなかった。
（十七）われわれの太陽系は約四十五億年前に生まれた。地球を含む太陽系の惑星は全てこのとき生成された。
（十八）生命の誕生は、三十五億年前、原始的な細菌のような生命体として生まれた。
（十九）人間がチンパンジーから分かれたのは四百五十万年前といわれる。
（二十）地球もあと五億年ていどで冷え、死の星となる。
（二十一）宮沢賢治『農民芸術概論綱要』。「まづもろともにかがやく宇宙の微塵となりて無方の空にちらばろう」

（二十二）前述のように光速に近い速さで動くものでは時間が短くなる。特殊相対性理論。

（二十三）落下するエレベーターの中の人間の重力はゼロとなる。逆に上昇するエレベーターの中では重力が強まる。アインシュタインの、重力に関する相対性理論。

（二十四）アインシュタインの有名な式。$E=mc^2$　エネルギー（E）は質量（m）に光定数（C）の二乗を掛けたものに等しい。この考えによって原子核から原子力エネルギーを取り出すことが可能になり、原子爆弾の理論的根拠が与えられた。太陽が百億年も燃え尽きないのは、核エネルギーを絶え間なく作り出しているからである。

（二十五）『万葉集』巻七「柿本人麻呂、天（あめ）を詠む。天の海に　雲の波立ち　月の舟　星の林に　漕ぎ隠る見ゆ」。

（二十六）相対性理論では、光速に近く移動するとき、すべては一点より発して一点に消えてゆく。したがって星は前方の一点に集まり、後方の一点に去る。

（二十七）光速近くで飛ぶとき、前方から来る光の波長は短くなり、したがって青の方向に変化する。逆に、遠ざかる後方の光の波長は長くなるので赤方に偏移する。いわゆる「光のドップラー効果」。

（二十八）仏教説話「一月三舟」における相対性理論。動いている舟から月を見ると、止まっている月が、下流に流れているようにも上流に動いているようにも見える。見る者の立場によって対象の姿が違うことのたとえ。

（二十九）慣性系におかれた物は動いていてもそれを感じない。たとえば電車が移動しても、周囲が動いていると感じる。もし光がなく、周囲を見ることがなければ、電車が動いていることを感じることはできない。

（三十）核戦争の脅威にアインシュタインはいつも警告していた。それというのも、核エネルギーは彼の$E=mc^2$の式から導き出された。

(三十一) アインシュタインは、人間が限られた存在なのに無限のものを認識することを最大のふしぎとした。
(三十二) プリンストン大学のホールの石に彫りこまれたアインシュタインの言葉。「主なる神は老獪だが意地悪ではない」の意。
(三十三) ブラックホール。中心は著しく質量が大きく、全てのものを重力で引き寄せる。光も時間も空間も吸い込まれる。

異界からの使者たち

伊勢の国の神官、渡会(わたらい)の某(なにがし)という者が、ある日突然死して三日間息がなかった。三日目に奇跡的に蘇生した時には、髪がまっ白になっていた。歌占いで人の運命を予知する能力を持つようになって、異形の預言者として諸国を行脚する。時には狂乱して、死んで見てきたという地獄の有様を、クセ舞にして謡い舞った。ある日偶然、歌占いを求めて来たわが子にめぐり会って故郷に帰る。これが世阿弥の嫡男、夭折した観世十郎元雅の能、『歌占(うたうら)』のあらすじである。

この特異な能の主人公は、白い大口袴に狩衣の袖を上げ、翁烏帽子を戴した、厳かな神官姿で現れる。若い男なので、たいていは直面(ひためん)（面をかぶらない）だが、時に「邯鄲男(かんたんおとこ)」という白っぽい面をつける。

特に目を引くのは長い直毛の白髪である。

年齢に不相応な白髪は、男面にバラリと垂れ、いかにも臨死状態から蘇った人という印象を与える。それが弓に多数の短冊をぶら下げたのを持って現れるのだから、誰しも奇異の念に襲われる。

父子の奇跡的再会に続く、地獄語りの凄まじさも特異である。中世人のみならず、われらもその声、仕草に引き込まれるのは当然だろう。挙句の果てには顔面に冷や汗を流しながら、神がかりになって震え戦く(おのの)のだから、われらは彼の一挙手、一投足に目を奪われるほかはなくなる。

能の劇はこのように仕組まれている。異形の人は、橋掛かりの向こうの暗がりから、時空を越えてこちらへやってくる。たった三間の長さの橋掛かりは、この世と異界をつなぐ文字通りの橋なのだ。その使者たちは、いろいろな情念の劇を携えて、とぼとぼと、また静々と歩みを運ぶ。時には天翔って、マッハ五の速さで飛んでくる。そして事件の一部始終を語り終えるとまた、例外なく橋掛かりの向こう、つまり異界へと去ってゆくのだ。

お能とは異界からの使者たちが現れる場である。フランスの作家ポール・クローデルが、「能では何事かが起こるのではなくて、何ものかが現れる」という意味のことを言ったのはまさにこのことである。現れるものの正体は、さまざまに意匠を凝らした「異界からの使者たち」である。

同じ作者の『高野物狂』(こうやものぐるい)という能を見てみよう。常陸の国の住人、高師の四郎という現実の人がシテである。彼は主人の忘れ形見、春満丸を兄弟のように慈しみ養育していたが、春満はある日突然世をはかなみ、書置きを残して家出してしまう。四郎は狂気して後を追うが、行方は知れない。まるで荒野に呼ばわるバプテスマのヨハネのように、悲嘆絶望して探し歩くうちに、高野山の霊場に迷いこむ。深山の霊気にふれていよよ狂いつつ、結界清浄の高野山をさまよっているうちに、僧に伴われた春満に再会し、ともに故郷に帰る。

ここでは愛するものを失い、さらに高野山という密教の霊地を覗いたことによって平常心を失った男に、その体験を語らせようというのが眼目である。

このように異常体験に正気を失い、あるいは何ものか異界の光景を見て動転したものは、それを物語るために橋掛かりを歩んでくる。愛するわが子を失って気もそぞろになった母や、常軌を逸した嫉妬に狂う女など、いわゆる狂女物はこのジャンルに属する。

戦いで死んだ武将は、この世に残す恨みや悲しみばかりでなく、あの世でさえも修羅道に落ちるという苦患を受ける、その二重の異常体験を訴えるため異界からやってくる。ことに若くして世を去った公達の無念さ哀切さを、修羅の苦しみに重ね合わせて、異界体験に花を添える劇作法を工夫した中世の作者には脱帽せざるをえない。

美女の能も例外ではない。金春禅竹作の『楊貴妃』という能では、絶世の美女楊貴妃がヒロインである。しかし、彼女はものすさまじい死の国の宮殿にいるのだ。その異界での出来事が、目の前の舞台に繰り広げられるのである。

彼女は愛する玄宗皇帝に別れて、物寂しい死の国に来なければならなかった。かつての愛欲の日々、比翼連理の睦言を思い返して、涙に咽びつつ、悲しくも美しい「序の舞」を舞い続けるのだ。

この能では、死者は向こうからやって来るのではない。作り物に入ったまま、後見によって運ばれて舞台の上に置かれている。観客は引き回しの幕に包まれた異界を覗き見る格好になる。すると死者である楊貴妃は、まるで鏡の中の女のように、異界の側から現世を懐かしみながら見つめ返すのだ。

不思議な能である。

本物の異界の魔物や精霊、神々や神仙は言うまでもない。能の面白さは、彼らから異界の話を直接聞くことにある。その表れとして、能では能面という、非日常的な顔で演技する。いかにも異界の人物の顔だ。

テレビや映画などない中世の村々で、異界の人に出会うのは祭礼や弔いの席など、人の集まるところである。村人たちはここで、物の怪に取り付かれた人、気のふれた女、訳もなく恐怖におののく人、よしありげな旅の女、物凄く年をとってわけの分からぬ言葉をつぶやく老人など、非日常的な人に出会う。そこで、異界に触れたものだけが知る不思議な体験を、わが事のように熱心に聴いたであろう。

今でも私たちが能楽堂に足を運ぶ理由は、このような異界からの使者たちに出会うためではないだろうか。私たちは中世とは違って、科学が支配する時代に生きている。しかし、私たちにとっても異界の話は決して虚言ではない。というよりも、科学を超えたものの存在を心の片隅で信じようとし、その現われを求めているのだ。

今日も能楽堂の客席に、そういう現代人が集まっている。お能の始まる前の、静かな笛と鼓の「お調べ」に、いかなる使者が現れるか、どんなメッセージを携えてやって来るかと、胸をときめかせながら待っているのだ。

右能と左能

大脳半球は右脳と左脳に分かれている。一般に左脳は、論理的、形式的な思考をするときに使われ、右脳は情緒的、審美的活動で重要な役割を果たすことが、近年のＣＴスキャンなどの方法で証明されつつある。論理的能力を必要とする言語中枢のひとつは、左大脳半球に局在している。しかも、音声を聞きわけたり、音声としての言葉を理解する、いわゆる感覚性言語中枢は左側頭葉のウェルニッケ言語野にあり、言葉を声として発音する行動は、同じ左半球前頭葉にあるブローカの言語野で支配されている。この二つの言語中枢は複雑な神経線維で結ばれ、その間に物事を言葉として理解するための概念中枢が介在していると考えられている。それぞれの言語野が破壊されると色々なタイプの失語症となる。

科学者の仲間には、いささか情緒欠損、芸術音痴というような人がたまにいるが、そんな人はたいてい数理的解析能力は抜群である。左脳型人間と呼ばれる。天才的音楽家だが、リラとドルの換算がどうしてもできず、イタリアで大損した友人がいる。典型的な右脳型人間である。

しかし、右脳と左脳は完全に分離しているわけではない。神経線維が交通している脳梁というのがあって、通常は互いに共調しながら活動しているのである。脳梁は女性の方が男性より太く、そのため女は感情と理屈を混同するともいわれる。

語呂合わせになるが、私は能にも「右能」と「左能」があるような気がする。ひどく理詰めな解釈だったり、型を単に力学的に重ねていくような能は、「左能」に属する。一方、やたらに感情過多で、情緒一辺倒というのが「右能」である。どちらも問題である。

最近の古演出の復活など、あまりに理につきすぎると、左能に偏ってしまう。能は、形式論理を無視するという前衛的な冒険をやりながら進化してきたのだから、単に論理に戻るのは退化だと思う。

たとえば「葵上」の古演出で、もとの詞章に忠実になるため青女房を出したり車を出したりするのは、左能的やり方かと思う。六条御息所の姿の中に現実には存在しない車の影がみえ、ながえにとりついて泣く青女房の幻影まで見せてしまうのが、能なのだから。

世阿弥作の「鵺(ぬえ)」では、退治する頼政も退治される鵺も、猪(い)の早太(はやた)も大臣もみんな同一人物に入ってしまうからこそ、鵺の重層的な本性が劇として現れるのだ。「西行桜」では、老いた桜の精が、つかの間の光陰を惜しむ美少年と同化し、さらにはそれを見ているはずの西行までもが同じ人物の中に入りこんでしまう。だから、老桜の精自身が「待てしばし、待てしばし」と招き扇をして自らを呼びとめても何のふしぎもない。第一、ここで呼びとめているのは、桜の精ではなくて、去り行く時間そのものなのかもしれない。異人格混交の世界は、能の演出のすぐれた発明なのである。

最近こんなことがあった。

英語の科学論文を書くために数日の間苦心惨憺した。ようやく目鼻がつこうというころ、夜中に目覚めて眠れなくなった。言葉が口をついて出てきた。ふしぎなことに全部韻文で節さえついていた。あまりに理詰めに左脳ばかり使っていたため、右脳が反乱を起こしたらしい。主題も理詰めでは解決できない「安楽死」の問題。私は明け方までの二、三時間のうちに、新作の能の台本のあらましを書き上げてしまった。いつか上演したいと思っている。

能の舞とDNA

「お能の舞ってふしぎなものですね。まるでDNAみたいです」と、遺伝子の研究をしている若い友人が言った。「何だか同じような無意味な旋律を何十回も繰り返しているうちに、時々びっくりするような姿が現れる」。これが初めて能を観た友人の感想だった。

そういえば私たちの生命の設計図であるDNAにもそういうところがある。同じような無意味な繰り返しが何百回も続いた上で、所々にひどく大切な遺伝子がポッリと姿を現す。それを見出した時の感動は格別だ。三十億文字のＤＮＡで書かれている人間の設計図（ゲノム）の中で、意味のある情報はたったの五パーセントにも満たない。それなのに、人間という「すぐれもの」が作り出されるのだ。しかも一人ひとりみんな違っている。

その日は、「定家」という能で、舞台では静かな「序ノ舞」が舞われていた。薄幸の皇女、式子内親王の墓石には、生前彼女に恋した歌人、藤原定家の執心が、死後も蔦葛（つたかずら）となってびっしりと這いまとわっている。旅の僧の読経に、つかの間呪縛を逃れて現れた高貴な皇女の霊は、憔悴した面持ちで白い衣をひるがえして報謝の舞を舞う。

笛がりょうりょうと吹き出すと、大小鼓が声をあげ、「序」という手を打ち出す。冥界から戻ってきた女は、静かに白い足をこちらに向かって踏み出し、わずかに爪先をあげる。しばらく静止したと思うと、鼓の音と言い合わせたように爪先を下ろす。こうして二歩、三歩、ゆっくりとこの世とあの世のあわいを歩んで来る。

そしてまるで深い夜霧にしっとりと包まれたように舞い始める。舞は、野に霧が這うようにひろがってゆく。やがて荒れ果てた墓地の庭には、二人の恋の想い出がたちこめる。

「序ノ舞」は、単純な四つの旋律の繰り返しからなっている。執拗なほど何度も繰り返される笛の旋律に乗って、女は右に左に静かに歩む。時に扇を開き、袖をかざしたりはするが、別に何かを意味している動作ではない。ところがその単調な繰り返しを眺めているうちに私たちの心の底に何ものかが姿を現すのだ。かつて内親王の心にひそかに芽生えた、誰にも知られることのなかった定家への裏切りが、それを秘めていた心のもだえが、いつの間にか舞台を見ている私たちの心に乗り移ってくる。

別にそんなものを能役者が意識的に表現しようとしているわけではない。観客の私たちが、勝手におのれの心の中に描き出すのだ。能役者は、ただ決められた手順と速さで、「定家」という能に応じた舞を舞っているだけなのである。

観客は、このほとんど無意味とも思われる音と動きの循環の中に、自分のありったけの想像力を投入し、そこに見えるはずのないふしぎな情念を見とってしまう。舞も音もほとんど空白のような世界だからこそ、何でも描き出すことができるのだ。

「序ノ舞」の同じ旋律の繰り返しは、時には静まり、時には区切りをつけるように波立ちながら、いつの間にか高揚してゆく。それは夢の昂ぶりにも似ている。忍ぶ恋ゆえにかえって淫らさを秘めている高貴な皇女の心は、こうして堂々めぐりの迷路を踏み迷って、またさっきの葛にからまれた墓の前に戻ってしまった。

舞の中では、早く夢が覚めて欲しいという気持と、ああいつまでも覚めないでくれと願う心が錯綜する。しかしもはや時はない。夢は覚醒寸前のレム睡眠の状態に入った。あとは憔悴した高貴な皇女の姿が、ぽっかりと映し出された葛のからんだ墓石に吸い込まれて、闇に閉ざされてしまうのを待つしかない。舞はこうして終わりを告げる。

「序ノ舞」に限らず、「中ノ舞」など、能の舞の音楽は、基本的には同じ旋律の繰り返しで成り立っている。舞の手順もそう変わらない。速度が変化したり、舞う人物に応じて気分が異なるだけである。しかし、それを観る私たちの心には、曲目ごとに全く異なった印象的な姿が立ち現れてくる。それを目撃するために、私たちは今日も能楽堂へ足を運ぶのだ。

遺伝子の解明が進んで、これまで無意味な繰り返しだと思っていたところに、途方もなく大切な意味が含まれていることに気付くように、能の一見単調な舞の中に私たちはさまざまな情念の劇が現れるのを発見し感動する。それが見えてくるか、見えてこないかは、演者の力量ばかりでなく、観客の想像力と感性の問題である。

キメラの肖像——美術展「真昼の瞑想」によせて

キマイラ（キメラ Chimaira）　ギリシャ神話の蛇の尾と背から山羊の頭が生える獅子の姿をし、口から火を吐く怪物。テュフォン（Typhōn）とエキドナ（Echidna）の子で、英雄ベレロフォン（Bellerophōn）に退治された。エトルスク美術の青銅製彫像《アレッツォのキマイラ》（フィレンツェ考古美術館）

は名高い。

――『新潮世界美術辞典』（新潮社）より

キメラ　二種以上の遺伝形質の異なる細胞、あるいは異なる動物種の組織で構成された個体をキメラとよぶ。ギリシャ神話のキメラ（ライオンの頭とヒツジの胴に、ヘビの尾をもつ怪物）に語源をもつ。両生類や鳥類を利用した実験発生学の領域で胚の一部分を移植することによりキメラがつくられ、細胞移動や細胞系譜の仕事に利用されている。また、哺乳類ではＥＳ細胞（胚幹細胞）で遺伝子組換えや遺伝子ターゲッティングを行い、胚盤胞のステージで内細胞塊を入れ換えてつくるキメラマウスが盛んに利用されている。

――『分子細胞生物学辞典』（東京化学同人）より

鵺（鵼）　その時上下、手々に火をともいて、これをご覧じ見給ふに、頭は猿、むくろは狸、尾は蛇、手足は虎の姿なり。鳴く声鵺にぞ似たりける。恐ろしなんども疎かなり。

――『平家物語』巻四「鵼」より

橋掛りの向こうの揚げ幕がゆっくりと揚がった。その先の暗がりに何かがうごめいたかと思うと、黒い小さなけもののようなものが低く揚げた幕の下を潜り抜けて矢のように走り出た。橋掛りの前勾欄につんのめってぶつかるようにして止まり、袖を開いてちょっとこちらを見た。振り乱した真っ黒な髪の下から白い不気味な面がこちらを盗み見ている。左手には竹の棹を持っている。魔物のような舟人を乗せた黒い小舟が、暗渠をくぐり抜けて漕ぎ出してきたのだ。

舟は杭か何かにぶつかって一度止まったが、すぐに向きを変えて急流を右手舞台奥の方に矢のように流れていった。黒い川の水面が光り、岸辺の芦からはヒタヒタと波紋が広がった。

舞台奥の太鼓座の近くまで流れて行った朽木のような小舟は、芦の茂みにひっかかって止まった。舟端から黒い衣を着た小男がひょいと降り立った。急流を流れるあいだに、したたかに水を浴びたらしい。寒さにブルブル震えながら、諸国一見の旅の僧の前に立った。面は目に金の入った「怪士」、白い顔に下品に歪んだ唇を動かして僧に何かを訴えようとしている。

観世流の鬼才、橋岡久馬の演ずる能「鵺」の前シテはこうして私たちの前に現れた（平成十一年四月、玉華会、宝生能楽堂）。黒い不気味な小男は、濡れた体をワナワナと震わせながら、僧に不審な身の上を物語り始める。近衛の院の御宇に、源頼政の矢に射られて命を失った「鵺」という者の亡心であると名宣り、心の闇を晴らすため、僧に回向を願う。

十五世紀に生まれ、劇作家でもあり能役者でもあった世阿弥は、平家物語巻四の「鵺」に題材をとって、異なった種の体の部分が一つの個体の中に共存しているキメラを、一曲の能に造形した。この能の演技を見ながら、現代の美術、文学、哲学に共通に横たわる主題、引き裂かれた内省的な「自己」の肖像について考えてみたい。

キメラというのは、ギリシャ神話に出てくる怪物で、一つの個体の中にライオン、山羊、蛇などの異種の生命が共存した異端の生き物である。巨人テュフォンと蝮女エキドナが交わって生まれた不条理の子の一つである。同じ肚から生まれたスフィンクスは、人間の頭とライオンの体をもつ。ペルシャで生まれたトリの体をもった獣グリフォンも同類である。エジプトのホルス神やアヌビス神も、顔が鷹やジャッカルで体が人間だし、ヒンドゥー教のガネーシャ神（聖天）は顔が象、体が人間で立派なキメラの仲間である。

洋の東西を問わず神話の世界では、この種の生き物が頻繁に現れる。人智を超えた能力をもつ者への憧れと怖れが、それを作り出した。神話では、それぞれの動物が持つ能力が一つの個体に同居することによって、超能力を発揮するようになる。そこには、人間を取り巻く自然界に古代人が見出した人間を超えた力が結晶された。

スフィンクスはキメラの眼で人間存在を問いつめ、運命を予知し予言する。エジプトの神々は人間の生前の営みを評価し、死後の魂を守護したり罰を与える。ヒンドゥー教の神々は、さまざまな半獣半人の姿で人間世界の細部を分担して支配する。キメラは、はじめ人間を見つめる存在だったのだ。

その人間が神の前に確固たる自然の一部として存在するようになると、キメラのような異神は不要になった。中世から近世にかけて、少なくとも西欧世界ではキメラは姿を消した。不条理なものを排除して、人間の支配する世界を作り出そうという歩みだったのだから当然である。東洋でさえ、近世にはキメラは影の薄い存在となった。

しかしそうした自然観、人間観が崩壊した近代になってキメラは再び甦ったのである。しかもそれは自然界にではなくて、人間の内部にである。

その嚆矢(こうし)をなしたのがシュルレアリスムであろう。今世紀初頭に活躍したシュルレアリスムの画家たち、マグリットやエルンストなどの世界はキメラなしには語ることはできない。

シュルレアリスムが採用しようとした新しい方法論、「純粋な心のオートマティスム」によって再発見された内的「自己」は、神のプログラムによって確実に再生産可能な統一のとれた人間という単一の種ではなかった。そこには、さまざまな異類の者たちが入り込んでいる。魚の顔をした女、鳥の目の男、蛇の頭に虎の腕をもった裸婦。これまで自明の統合的存在としていた自己の中には、多くの他者が入り込み、それぞれが自律性をもって動き出す。

キメラの部分がそれぞれもっている自律性に委ねることによって、人間にはこの時期新たな多くの可能性が広がった。それはフロイトやユングによって精神の不可視部分を見る手段ともなった。人間の内部世界ばかりではない。人間を取り巻く外部の風景も、神が作り出した整合した自然ではなくなった。手術台の上にコウモリが寝そべっていても、首の生えた山があっても、耳の林があってもよい。キメラの眼でみれば、外的世界もまた常識的な境界を失う。

生命科学の世界でも種の区別は曖昧になった。人間もハツカネズミもニジマスも、遺伝子のDNAは共通である。だから人間の遺伝子も、大腸菌の中やハエの体の中で働くことができる。いや、植物だってウジムシだって、遺伝子の化学的構成は同じなのだ。だから人間の遺伝子を組み込んだジャガイモだってできる。

しかし個体のレベルでは、同一の生物内に共存する「他者」の生存は長くは続かなかった。互いの拒絶反応が始まるからだ。シュルレアリスムの崩壊は、共存する「他者」の、自己主張と自己暗示が互いに拒絶反応を起こした結果、必然的にもたらされたものと私は考えている。

事情は現代の科学でも同じである。生物学はいま、キメラを人工的に作り出すことに成功した。ヒツジやヤギのような近縁種では、発生初期の胚の内部細胞の塊を取り出してほかの動物の胚に注入することによって、ヒツジの細胞とヤギの細胞が共存するキメラを作り出すことができる。ヤギの顔と体つきをもった四足獣の体のあちこちに羊毛がとぐろを巻いて生えている。

　トリでは、卵の中で孵化しようとしている胚を自由に操作できるので、もっといろいろなことができる。ウズラの神経管という部分の一部をニワトリの胚に移植することで作り出される、黒いウズラの羽根が生えているニワトリ。体はニワトリで、ウズラの脳をもった動物。このキメラは、ニワトリの発声器官を使ってウズラのようにキッキキーと断続的に鳴く。体はニワトリなのにウズラの行動を始めるのだ。

　しかし、ニワトリの体にある免疫系が発達すると、ウズラの羽根は異物として拒絶されてしまう。ニワトリにウズラの行動様式を与えていた脳さえも、ニワトリ由来の免疫細胞に攻撃されて脳の機能不全のためキメラは死んでしまう。脳という「自己」を、体の免疫というもう一つの「自己」が異物として排除してしまうのだ。

　これがキメラの運命である。ギリシャ神話のキメラが、ペガサスに乗ったベレロフォンに退治されたり、鵺が源三位頼政に射伏せられて、空舟（うつおぶね）で暗い淀川に流されたのと同じ運命である。

　外科医たちはいま、バブーンと呼ぶ猿の臓器を人間に移植する手術を始めている。猿どころか、ブタの心臓や腎臓の移植も準備中である。さらにブタの胚に人間の遺伝子を導入して、ヒト化したブタの臓器を作り出して、それを移植に応用するという研究もかなり進んでいる。科学の世界でもキメラは甦ったのである。

さて、キメラの仲間である鵺は、旅の僧の前で何を物語るのだろうか。そのころ、天皇は夜な夜な丑の刻になると悩みうなされていた。その同じ時刻に、東三条の森のあたりから黒雲のようなものが飛び立って御殿の屋根を覆うことがわかった。警護を命じられた頼政は、たった一人の郎党猪の早太を従えて御殿で待っていると、黒雲の中に怪しい影が見えたのでそれに向かって矢を放つ。射ち落とされた怪物に猪の早太が走り寄って九刀刺して仕止めた。謡曲本では「さて火を灯しよく見れば、頭は猿、尾は蛇、足手は虎の如くにて、鳴く声鵺に似たりけり。恐ろしなんども疎かなる形なりけり」と続く。

すなわちキメラは天皇の心の中に棲んでいた怪物で、それを頼政が退治するのだ。能では、舞台に現れた鵺の化身は、まず頼政になって屋根をキッと見上げ、よっぴきひょうと矢を放つと射られた鵺は転がり落ちる。得たりやおうと猪の早太が刀を抜いて九回も刺す。たいまつをかざして頭から尾までを見廻すのも猪の早太である。この登場人物すべてを、矢に当たって射落された鵺の化身が演じるのである。灯りに浮かび上がる鵺の姿を検分しているのも鵺の化身。すなわちここでは、鵺という「自己」を客体化して異物化する鵺が現れているのだ。キメラである「自己」を見ている「自己」そのものが、天皇、頼政、猪の早太という「非自己」の寄せ集めなのである。

身の上を物語った鵺の化身は棹を持って朽木の舟に乗って橋掛りに行き、「浮きぬ沈みぬ見えつ隠れ絶え絶えの、いくへに聞くは鵺の声、恐ろしや凄しや」と幕の向こうの暗がりの中に消えて行った。鵺、すなわち「とらつぐみ」の夜鳴きの声を発するのも、それを聞いておびえているのも鵺の化身だったのである。「見られる」存在として甦った鵺が、「見る」存在である他者のキメラ性を暴いていく。そこにこの能の現代的な意味があるのだ。

こうした二重のキメラ的状況の中でこの能は後半を迎える。「有情非情、皆倶成仏道」という、ほとんど生物が共通に持つDNAの普遍性を讃えるような僧の祈りの中に、「見られる」存在としての鵺が本体を現す。猿飛出という赤い異形の面をかぶり、金襴の衣裳にマジックパワーの杖を持っている。

鵺は再び頼政の矢に当たって死んだ自らの暗い運命を再現し、頼政が褒美に剣を賜わりさわやかにホトトギスの声を聞くところを演じたのち、自らは空舟に乗せられて暗い淀川に流された様を再現する。矢に当たったシテは両手を頭の後ろに立て、真っ赤な炎のような髪を振り乱してジグザグに下り、橋掛りで袖をかついで倒れ伏す。謡曲本にある和泉式部の恐ろしい歌、「冥きより冥き道にぞ入りにける　遥かに照らせ山の端の月」とともに水中に没する姿である。

近代とともに甦ったキメラは、内的な「自己」相互の拒絶反応によって再び分裂し、シュルレアリスムは終わった。いまはるかに距離を置いて分裂した内的「自己」を再び眺めてみると、その「自己」を眺める「自己」も統一された全体ではなかった。この二重の曖昧性の中に、現代芸術の担い手たちのどのような「自己」が現れるのか、真昼の瞑想はつきない。

能の本を書く事——世阿弥の『三道』をめぐって

「能の本を書く事、この道の命なり」と世阿弥は力をこめて書いている（『花伝第六 花修（かしゅ）』）。「この道の命」とまで言うのにはそれだけの理由があったはずである。

世阿弥が生きた時代、田舎の祭りの芸能に過ぎなかった猿楽が、ようやく貴人の賞翫する都市の演劇に発展した。その一座の棟梁となった世阿弥が、時代の先端をゆく演劇活動を続けてゆくためには、「能の本を書く事」すなわちすぐれた台本を創作することが生死をかけた大事だった。異なった座（劇団）が、同じ舞台で立合（たちあい）（競演）することがしばしば行われていた当時は、それぞれの座が独自のレパートリーを持っていること、そして折にふれて話題作を上演することは、座の生き残りのためにも絶対に必要なことであった。

こうした背景だから、世阿弥の時代には能の創作がさかんに行われた。さらに古作の改作などは常時行われていたらしく、「自然居士（じねんこじ）古今あり」というように、先人が作った能に手を加えて、時代に合った演出をすることは日常のことだったようである。

世阿弥自身もすぐれた劇作家で、多くの作を残している。確実に彼の作とされている「高砂（たかさご）」「屋島」「井筒」「砧（きぬた）」「山姥（やまんば）」等、いずれも類型にとらわれることなく、劇的展開と美がマッチした名作である。

当然世阿弥を乗り越えそれに勝つために、非世阿弥型の能も数多く作られていた。才能を惜しまれながら早世した世阿弥の嫡子十郎元雅も、ひときわ個性的な能を残しているが、世阿弥の殻を意識的に破ろうとしていた形跡が窺われ、おそらく父子間には芸術上の意見の違いや確執さえあったものと思われる。世阿弥の娘婿金春禅竹も、禅竹風とでもいうべき独自の類型を作り出した。

他の座や、芸系を異にした丹波猿楽の座では、明らかに世阿弥の能とは風体の異なる能が創作されていた。やや時代が下がれば、劇的な場面展開を取り入れた観世小次郎信光や、古作をひとひねりした金春禅鳳（ぜんぽう）の作など、趣向を新たにした新作が誕生していった。

それと同時に、時代的必然性を失った能は次々に廃曲となっていった。世阿弥の自信作、「逢坂物狂」や「実方」なども十五世紀末には上演が途絶えた。能はいまのように固定したものではなかったのである。

近世に至っても、能の創作は衰えることなく続いた。能を熱愛した豊臣秀吉が、自分の功績を讃えた十曲にも及ぶ新作能を作って自ら上演したことは有名であるが、江戸期に至っては、文人、国学者、能役者、素人に至るまでが能の創作に励んだ。『未刊謡曲集』（古典文庫）で、その発掘を精力的に続けておられる田中允氏によれば、現行曲に含まれていない謡曲台本は二千数百曲に及ぶという。

近代、すなわち明治以降に書かれたいわゆる新作能は、台本が確認されているだけで二百余番に及ぶ。明治以後百三十年に及ぶ日本近代史の中で、この二百余番というのが多いのか少ないのかは断定しがたいが、少なくとも「この道の命なり」と世阿弥が力説したほどの役割を演じていないことは確かである。

日清日露、第二次世界大戦という戦時下で戦意昂揚、国体宣揚型の新作能が多く作られた反面、能を愛した詩人、作家らによって、歴史上の人物などを主人公とした世阿弥型の懐古趣味の新作が多く作られた。またヨーロッパの詩や小説に題材をとった全く新しいスタイルのものも現れた。

戦後は新しい演劇運動としての新作能も作られ、その延長上に三島由紀夫の『近代能楽集』のような収穫も得られた。

私自身も、脳死と心臓移植の問題を考えるための「無明の井」、朝鮮人強制連行を主題にした「望恨歌」の二つの新作能を書き、数度にわたって上演した。「無明の井」は、ニューヨーク等米国諸都市を巡演し、その翻案劇が、サンフランシスコで現地の劇団によって英語で上演された。

そうした経験から、世阿弥の「能の本を書く事」について考えてみたい。

世阿弥は、「この道の命」としての能の本を書くための秘訣を、『三道』の「種作書(しゅさくしょ)」の項で事細かに述べている。記述はきわめて具体的で、一種能作のためのマニュアル的でさえある。

まず最初の総論に当たる部分で、題材に当たる登場人物(種)としては、天女や女神、優美な貴族、遊狂人、古典に現れる女性など、元来舞わせてよし謡ってよしというのを選べという。それを序破急というドラマツルギーにあてはめて構成し、美しい言葉（書）を選んで書くがよいというのである。しかし、この指示通りに書いたならば、必然的に類型的な駄作が生まれるに違いないと私は思う。こんな安易なことでどうして感動的な劇が書けようか。世阿弥は本気でこれを書いたのだろうか。そうだとしたら、何と底意地の悪い指導法だろうか。

しかしよく読んでみると、これとは裏腹な一節も出てくる。「また、作り能とて・さらに本説もなき事を新作にして、名所・旧跡の縁に作りなして、一座見風の曲感をなす事あり。これは、極めたる達人の才学の態なり」。『花修』ではあれほどまでに本説（典拠）にこだわっていた世阿弥が、その例外の方をあげて、「曲感」（びっくりするほどの感動）を起こさせるものとしているのである。

さらに、『花修』で「この道の命なり」と言ったあとで、「極めたる才学の力なけれども、ただ工みによりて、よき能にはなるものなり」としていたのに、ここでは「極めたる達人の才学の態なり」としている。皮肉に考えれば、世阿弥は、月並みな駄作がどうしてできるかを、才学のない能作者のやり方を事細かに書くことによって教え、本当はずっと困難な創意ある作能のあるべき姿を逆に暗示しようとしたとも思われるのである。

「種作書」の後半では、それぞれの種（題材）について、具体的な作例をあげて説いているが、前半の総論で述べていた類型的な種とは明らかに違う例をあげている。前半では現れなかった男物狂、女物狂、山姥、鬼といった異風の「種」の書き方をていねいに述べ、さらには特定の役者に合った能を書くことや、クライマックスの作り方、効果的な音楽の利用法まで助言している。世阿弥は、才学を望むことができなかった一座の後進、次男元能(もとよし)のために、最低限安全なやり方として「種作書」を書き与え、同時にそれを超えるための方法も暗示しようとしたのではないだろうか。

現代においても、毎年のように新作能が上演されてはいるが、「この道の命」となるようなものは生まれていない。作者がどんな工夫をこらしていても必ず類曲があって、「種作書」の類型から免れていないのだ。それほど『三道』の呪縛は強かったのである。

世阿弥が「作り能」といったのは、かつて誰も題材にしたことのない、時代的必然性を持った主題を、全く類曲のないような形で創造することだったと思う。『三道』を超えることこそ能が本当に生命を持って、時代を生きのびてゆくために必要なことであろう。

能楽二十一世紀の観点

能は二十一世紀の演劇として生きて行けるであろうか。ユネスコの文化遺産に登録されて、絶滅危機の希少動物のように、保護の対象になってしまったのであろうか。

残念ながら、現状は危ういというほかはない。能に芸術的魅力がないというのではない。能は今でも世界に通用する舞台芸術である。その実力には凄みさえある。問題は、今の能楽堂の形態やレパートリーでは、その実力を充分発揮できないことにある。

現実の能は、趣味人の愛玩物か町村の薪能のアトラクションに堕していることは否めないだろう。能を演劇として鑑賞し、能楽堂の劇空間にカタルシスを求める人は一握りにも満たない。とうてい現代に生きる演劇とはいいがたい。

その理由は、能楽師の多くが、過去の遺産に頼って、現状維持に汲々としている体質にある。芸さえ磨いておけば安全という内向性が嵩じて、外には出て行こうとしない能舞台引きこもり現象である。もっともそれによって、この文化遺産が高い水準をこれまで保ってきたことは否定しない。だがそれだけでは、芸術の停滞である。

能は潜在的実力を充分持っている。それは六百年にわたって蓄積してきた芸の実力であって、現代の能が作り出したものではない。

名手はいても名人はいない

現代の東京の能楽界を眺めると、関根祥六、梅若六郎、野村四郎、近藤乾之助(けんのすけ)、友枝昭世など、いずれ劣らぬ一流の名手を擁している。技能の上での実力者というだけなら、枚挙に暇がない。

でも、かつての明治生まれの「名人」、たとえば先代喜多六兵太や橋岡久太郎、梅若実、金春八条などに比べたら感動に欠ける。「名手」はいても名人はいないといわれる所以である。

常に芸を創造し続け、それに成功してきた名人と、芸を受け継ぎ守るだけの名手との違いである。

それだけでも、伝統芸能の存続にとっては一大事だが、新しい芸術を創り出す力がなくては、この道の未来はない。

若手中堅の台頭

そのなかで、最近面白い現象が認められる。

たとえば、昔は最奥のものとあがめられて、老名人によってまれに上演された老女物が、中堅以上の舞手によって頻繁に上演されることだ。この二年の間でも思い出すだけで、『関寺小町』が二回、『姨捨』が四回、『桧垣』が三回、『卒都婆小町』に至っては十一回も舞台に上っている。以前には考えられなかったことだ。観世榮夫、友枝昭世、若松健之などの『姨捨』は、記憶に残った。

それに比較的若い能楽師が、老女物に挑戦しているのが心に残った。何も老名手だけに許される権威の象徴ではない。若手が覚悟をきめて挑戦して、初めて発見するものがあるはずである。津村礼次郎や桜間金記の『卒都婆小町』など、決して万全のものではないが、探求のあとが見えて嬉しかった。

従来、秘曲などといわれて、上演がまれだった重い小書や演目が、頻繁に舞台に上るようになったのも最近の動きだ。安売りは禁物だが、実力ある中堅の演者の、意欲的な演出に期待するところは大きい。

囃子方の世代交代も進んだ。四十代を中心とした二世たちの充実ぶりには眼を見張るものがある。彼らが職人として芸を切り売りするのではなく、舞台の創造者として、活躍できる環境を作り出して行くことが肝要である。

新作能の現実

新作能や復曲能も盛んに演じられている。でも源氏物語や今昔物語に典拠を取って、能らしい趣向を凝らしただけでは、現代の演劇にはならない。古典能の落ち穂を作能するだけならたやすいが、現代世界に対するメッセージが含まれなければつまらない。

感動深かったのは、石牟礼道子作の『不知火（しらぬひ）』の再演だった。水俣病の鎮魂をモチーフにしたこの能は、能の約束事をことごとく無視したが、結果的には紛れもなく能の劇になっていた。現代の能とはこういうのを言う。

横道萬里雄作の『鷹の井』も、『鷹姫』と名を変えた新演出で光を放った。何度も上演し、演出を工夫してはじめて新しい能が完成する。また幾度もの再演に耐え得る脚本でなければ、現代に生きたことにはならない。

劇場空間への進出

世阿弥が「この道の命なり」とまで言い切った新しいレパートリーの開拓に、本気でとり組むためにひとつの提案がある。

二十一世紀の能の再生のためには、能は能楽堂からもっと広い劇場空間へ飛び出さなければ真の現代演劇にはなれない。能楽堂は少ないが、劇場ならどんな所にもある。そこに適応して、実力を見せ付けるのだ。

古典の能も新作も、通常の劇場で上演できる演出を工夫して欲しい。能舞台の九坪の狭い空間に仕切らないで、大舞台を縦横に使う演技を工夫する必要がある。能はもともと寛容な芸術なのだ。さっきの『不知火』や、金沢音楽堂の大ホールを立体的に使った、私作の『一石仙人』の上演がそれを証明している。能楽堂は芸の研鑽と、古典の正式な上演にだけ使えばいい。そこでの演能も勿論大切である。

新作能『不知火』——能を超えた能

あれはなんだったかと今でも思う。

『不知火』の初演（二〇〇二年）を見たときの驚きだった。心の中では、これは違う、能ではないと否定していながら、感動に胸が打ち震えていたのを覚えている。

能としてみれば、台本にも欠点は山のようにある。演出の細部にいたっては、不満は数え切れない。でも、それでいいのだという声がどこかで聞こえる。この作品では、能としての整合性などよりは、水俣の悲劇の生き証人としての石牟礼さんの心の裏に流れる、鎮魂の響き、再生への祈りが聞こえさえすればよいのだ。

今回の再演では、演技がだいぶ整理されて、欠点は目立たなくなった。いろいろ問題点はあるが、初演のときと同じ感動があった。

問題点を少し考えて見よう。まず、コロスの登場である。花の帽子をつけ、夜光の玉を捧げた群集である。

同じようなコロスは、イエーツ原作、横道萬里雄作の新作能『鷹姫』でも、岩として現れる。ほかにも作例があるが、成功したのはこの二つだけである。今回も、時々立って謡うところや、最後に狂った猫の動きをするなど少しうるさかった。ただ劇場能にしては、舞台が狭く感じられたのは、蓮の池の装置にしても、遠近感が感じられなかったほかに、コロスの扱いに問題があったからであろう。

そもそも能の地謡には、コロス的役割がある。登場人物の情念は、地謡が代行することが多い。新しくコロスを登場させるには、必然性がなければならない。地謡以上の働きをして、邪魔にならないようにするのは、演出家の力量が問われる。今回のコロスは演出の笠井賢一の並外れた力で、危うく能の一部から逸脱を免れた。

「隠亡の尉」の謡いが、短く整理されたのは、今回の成功のもと、かえって存在感が増した。

前回の公演で気になった不知火姫と乙若姉弟の近親婚の祝婚の音楽は、今回短い呂中干の舞となり、整理が進んだ。ただ近親婚は、神の世界では不条理ではないのだから、もっと愛の感情移入があってもいいのではないかと思った。むしろ、この役の造形のもととなった「蟬丸」のほうも、内親王と薄幸の皇子の隠された近親相愛の物語という解釈も、ありうると思う。そのスキャンダルを嫌ったゆえの悲劇である。

観世銕之丞は見違えるほどうまくなった。初演のときの荒っぽさがなくなり、謡いに伸びがあって、この役の神秘的な人物像に迫った。

それでも、フィナーレに至るまで全登場人物が舞台に勢ぞろいするのは、煩瑣で平面的となり、感興を削減させる。次回にはそれぞれの挿話の人物を、別な次元で語らせる工夫が必要ではないか。コロスの扱いとともに、ひとつの宿題であろう。

今度の公演では、少し前後の儀式が多くて、能としての感動をそぐものがあった。ないほうが、静けさが増してよかったのにと、帰路ずっと考えた。余分なものによって、静けさも遠近感も弱まる。

それでも『不知火』という作品が感動を与えてやまないのは、作品の持っている絶対的な力のせいである。世阿弥が「種作所」で、「作り能とて、さらに本説もなきことを新作にして、名所旧跡の縁に作りなして、一座見風の曲感をなすことあり。極めたる達人の際学の態なり」といった作り能の奇跡の作となった。類型にとらわれることない神話的な能である。

「花修」でも「能を作ることこの道の命なり」とまで言い切った新作能の誕生であった。『不知火』は、大概の才能では作りえない「極めたる達人」の書いた能として、後世に残ると信じる。それが舞台作品としては未完成ながら、上演が成功をおさめたのは、演出の笠井氏を始め、出演者の息の合った努力の成果である。『不知火』は、能の伝統的類型を超え、六百年培ってきた約束事を無視して、ひとつの劇として燦然と輝く。このような「能を超えた能」を書き上げた石牟礼さんに、脱帽せざるを得ない。

白洲さんの心残り

白洲〔正子〕さんがなくなられて日がたつにつれ、私にはどうにも胸につかえて、つらいことがあった。思い出すと胸が痛んだ。

最後にお会いしたのは、なくなる三週間ほど前のことだ。すっぽんを振舞いたいからお出で頂きたいと、いささか急なお招きがあった。後で思えば、それがお別れの儀式だった。鈍い私はいつもの楽しい酒盛りのつもりで、妻をともなって出かけた。

白洲さんは、数日前にベッドで転倒されて痛みが取れず、二階の寝室で臥せったままだった。このことは前にも書いたが、白洲さんはその日、白いキラキラした顔をして私と家内を迎えた。どうしてキラキラなのか、そうとしか言いようがないのである。

白洲さんと私は、時々一緒にお能を観にいった。私はその感想を書いて送り、あとでご一緒に反芻して楽しんだ。白洲さんは、その文章に自分の意見を付け加えて送ってくれることもあった。私に無言で、文章法のレッスンをしてくれたのだと思う。

私はお能の細部まで記憶していて、自分の脳の中にある能舞台で再演して楽しむという、特技がある。白洲さんと気が合うのも、そのせいであろう。何しろ「あの能のあそこのところ……」などというだけで、能舞台が再現されて、話が通じてしまうのだから。

その日も私の見た能評の原稿をお持ちしてお目にかけた。ひととおり目を通したが、後でゆっくり読むと、枕もとにしまわれた。後はたわいのない雑談となった。

そのころ白洲さんは、ちょっと前に手に入れられた、室町時代の朝鮮の粉引きの徳利を愛蔵しておられた。それを買うために、いろいろなものを手放さなければならなかったという。そのくらいお気に入りの徳利の話などをしているうちに、なぜか遠いところを見つめるようなまなざしをされた。何かを追っているようであった。

いつもは長居をする私が、その日に限って「お疲れになったでしょうから、少しお休みになったほうがいいでしょう」と、そそくさとその場を辞した。それは本心からだったが、どうせ後で、酒席で会えるのだからと思ったせいもあった。白洲さんは、キラキラとした笑顔をいっそうキラキラさせて、「すっぽんをお楽しみに」と、少し淋しそうに微笑んだ。その白い笑顔だけ妙に心に残った。

白洲家のすっぽんは、伊賀の陶工福森雅武さんの手による豪快な料理である。吟味したすっぽんをその場でさばき、たれをつけて炭火で焼く。香りの良い山椒をかけてほおばる。後は料理人お手製の土鍋で炊くすっぽんなべである。天衣無縫の絶品であった。

お孫さんの信哉さんと「あの粉引きの徳利は今どこにあるの」と、話を蒸し返していた。信哉さんは、こんなときいつも加わる、いわば飲み仲間である。「きっと抱いて寝ているんじゃないですか」と信哉さんは答えた。

すっぽんに舌鼓を打って、話がはずんできたころ、お酒も回ってきた。そろそろ白洲さんの現れるはずの時間である。福森さんが二階に呼びに行って、「今夜はお出ましにならない、その代わりに、この粉引きの徳利で飲むようにと貸してくれた」と、がっかりしたように戻ってきた。不思議だな、いつもなら現れて談論風発となるのに、といぶかる気持ちもお酒にかき消されて、そのままいつものように酔いつぶれた。帰りしなに、ご挨拶をと言うと、お休みになっていると聞かされてそのまま帰った。その三日後にご自分で救急車を呼んで入院し、そのまま帰らぬ人となったのだ。

そのことを思い出すと、たまらない気持ちにさいなまれる。どうしてだろうか。

あの白いキラキラとした笑顔は、何を語りたかったのか。見覚えのある顔だったが、どこで見たのだろうか。あれは一体何だったか。

やがて私のほうが病気となり、病院のベッドでなすことなしにそのことを考える日々が続いて、やっとそれがわかった。何年もまえに演じられた、ある名手の演ずる『姨捨』のお能を思い出したのである。

『姨捨』は、棄老伝説を題材にした世阿弥の名作である。しかし『楢山節考』のような残酷な物語とは違って、更科山に捨てられた老女の霊は、月光のもとに白衣の菩薩のような姿で現れ、すべてを超越したような静かな「序ノ舞」を舞うのである。そこは月光の支配する国なのだ。そして、限りなく現世を懐かしみながら、大宇宙の中に帰ってゆくのである。

私はその名手の立ち姿を、思い出していた。能の後半、クセという肝心の部分である。低い押し殺したような声で、地謡が謡いだす。

「さるほどに、三光西に行くことは、衆生をして西方に、勧め入れんがためとかや。月はかの如来の右の脇士として有縁をことにき……」

その時長絹の袖がかすかに揺れ、白い姥の面がキラリと光った。あっ、あれだ、白洲さんだ、と私は心の中で叫び、動揺した。あのキラキラはこれだったのか。遠くの方に見ていたのは、『姨捨』の世界だったのか。もうその時、白洲さんの心はそちらに行ってしまわれたのだろうか。

そう思って私は舞台を思い続けた。その瞬間から、舞台の老女の姿は白洲さんと一体になって、私の脳の能舞台で舞いはじめた。

「蓮色々に咲きまじる、寶の池の邊に、立つや行樹の花散りて、芬芳しきりに乱れたり」

静かに老女は衣の袖を翻す。白洲さんの姨は白い扇をかざし、角にある柱のほうに緩やかに移動して行く。

「しかれども雲月の、ある時は影満ち、またある時は影欠くる、有為転変の世の中の、定めの無きを示すなり」

柱のそばで、老女が月を確かめるように見上げた。すると、突然面はキラキラと輝いた。ああ、あのときの白洲さんそっくりの顔だ。懐かしいな、と思いながらも思い出にふけった。面を曇らせると光は失せた。私は、ひどくもの悲しい気分になった。

太鼓のテーンという乾いた音が鳴り響いた。舞台では「序ノ舞」が始まろうとしていた。老女は静かにこの世に足を踏み入れてくる。静かに真っ白い足袋のつま先をわずかに跳ね上げ、ついでそれを下ろして足拍子を踏む。

舞の半ばで、舞台右手奥に扇を開いて座り、皓々とした月光を満身に浴びる型がある。「弄月」という型どころだ。白洲さんの老女は、苦しそうに座ったまま、扇を開いて月光を受けたまま動かない。何もかも捨てて、月光の中にただ座っている。そして、よろよろと立ちあがって、「序ノ舞」は終わる。

「わが心、慰めかねつ、更科や、姨捨山に照る月を見て」

老女は低い声で謡っている。ああ、白洲さんだと思いながら、私は白昼夢にふけった。

「思い出でたる妄執の心、今宵の秋風、身にしみじみと、恋しきは昔、……」

私はあまりの懐かしさに涙ぐんでいた。京都にご一緒したときは楽しかったな、平野屋の鮎は、いい香りがしたな……。

今、老女は真っ白い袖を翻して舞い続ける。時々姥の白い面がキラキラと光った。そして終幕に近く、老女は舞台に横すわりになって、遠くを見る形になってうめくように謡う。

「一人捨てられて老女が……」

後に長い囃子の手が入って静まった。

私は泣いていた。なんだか知らないが、涙がこぼれてとまらなかった。あの夜、私はなぜ早く枕辺から立ち去ったのか。どうして終夜付き合って話をしなかったのか。白洲さんはそれを望んでいたに違いない。悔やんでも悔やみきれない。せっかくお別れの儀式に呼んでくれたのに。いつもは、長々と居続け、家人の顰蹙を買ったではないか。早々と帰るといえば、「私はくたびれてなどいません」と、叱られたではないか。

今となっては、悔やんでも悔やみきれない。私が、白洲さんを捨てたのだという想いが、私の胸にぐさりときた。やっぱり私は「姨捨」なのだ。あんなによくしてくれたのに非情なものだ。そんな気持ちが、拭っても拭っても噴き出してきた。男は一生に、何度姨を捨てることだろうか。

そんな想いにとらわれながら、再び舞台を思い出すと、老女は白い長絹の袖を、山の形にたたんで、舞台にうずくまって泣いていた。

「姨捨山とぞなりにける。姨捨山になりにけり」

地謡が静かに長く引いてお能は終わる。そして私の白昼夢もそこで終わった。

私は本当に夢から覚めたような気分で、今考えたことを何度も反芻した。『姥捨』の世界だったら、白洲さんは何もかも超越して、大宇宙のなかに足を踏み込んで行ったのだと、ひそかに私は納得した。あの夜の私の非礼なぞ、もう忘れたように橋掛かりを去っていった気がして、私はやっと救われた気がした。

山姥の死——鶴見和子さん

鶴見和子さんが急逝された。訃報を聞いて、私は沈黙した。何も考えることができなかった。しばらくして、まぶたに浮かんだのは、誰もいない能舞台だった。正方形の舞台には、物音ひとつしなかったが、私は鶴見さんが、たった今までそこにいたような錯覚をもった。あの能役者のような腹筋を使った声が、いままで響いていたような気がした。

もし能を舞っていたなら何を舞っていたのだろうか。そう思ってしばし考えた。そのとき突然、目前に浮かんできたのは。能『山姥』であった。

私は以前にも、鶴見さんを現代の「山姥」に見立てたことがある。鶴見さんも、その比喩はまんざら嫌いではなかったらしく、私信でも自分を山姥に擬したこともあった。自ら山野を渉猟し、エコロジーをめぐって現代文明に鋭く警告を発していた。水俣訴訟にも舌鋒鋭く告発している姿に、山姥を彷彿させるものがあった。

体が不自由になっても、一言も不満を言わなかった。むしろ障害を負ったことで、思索が深まるのを楽しんでいるように見えた。

でも能の『山姥』の一節に、「よしあしびきの山姥が　山廻りするぞ苦しき」とあるように、半身不随で、あのような多彩な仕事を続けることが、物理的にはどんなに苦しいことだったか、同じ半身麻痺に苦しんでいる私には良く分かっている。

しかし鶴見さんは、仕事を止めることはなかった。発言し続けた。歌を詠み続け、思索を深められた。それらが病を得てから続々と出版されたのである。みんな創造的なお仕事だった。

私も往復書簡『邂逅』（藤原書店）で、その一端を垣間見るチャンスに恵まれた。いろいろ教えられたが、今思い出すのは、「独創性」についての議論である。

私は、南方熊楠のやった研究を、生物界の階層を超える原理を発見しようとしたものだといった。

つまり階層を超越する原理を発見しようとしたことを、独創的だといったのである。それに対し鶴見さんは、アメリカの心理学者アリエティを引いて、独創的とは無から有を生ずるようなものではないこと、従来無関係だと思われてきたことに、新しい関係性を発見すること、そして芸術なら、それによって人を感動させることと教えてくれた。

私は眼から鱗が落ちた思いで、科学史に残る独創的研究を眺めた。音楽でも絵画でもそうであった。私に付け加えることがあるとしても、階層を越えること自体、新しい関係を構築することと変わりなかった。そんな眼で鶴見さんのお仕事を読むと、いずれも勝れて独創的であることがわかる。

それが死の直前まで続いた。苦しくなかったといえば嘘になるだろう。

そして死の前に初めて、恨みの言葉を残した。あまりにも残酷な、リハビリ打ち切りの医療改定に対してである。

政人(まつりごとびと)いざ事問わん老人(おいびと)われ　生きぬく道のありやなしやと
寝たきりの予兆なるかなベッドより　起き上がることのできずなりたり

という歌が残された。「老人リハビリテーションの意味」という最後のエッセイでも、「老人は寝たきりにして死期を早めようとするのだ。この老人医療改定は、老人に対する死刑宣告のようなものだ」と、リハビリ打ち切りを糾弾している(『環』26号、藤原書店)。

私は痛ましくて、涙を抑えることができなかった。彼女は殺されたのだ。彼女の愛したこの国の為政者に。

鶴見さんの最大の関心事のひとつは、エコロジーであった。山姥はもともとエコロジーの精霊だったと私は思う。能『山姥』の最後の一節は、「めぐりめぐりて輪廻を離れぬ、妄執の雲の塵積もって、山姥となれる、鬼女が有様、見るや見るやと峰に翔り、谷に響きて、今までここにあるよと見えしが、山また山に山めぐりして、行方も知らずなりにけり」とある。鶴見さんの最期もそうであった。でも山姥のようにいつでも現われ、われらを叱咤してくれると思いつつ、長い沈黙は終わった。

孤城

多田富雄さんのこと2

石牟礼道子

訃報がとどいた時、私は、冥府へ向けて書くかのごとき一文を、草しておりました。いつお果てになられても、不思議ではない御病状を直視しつつ、言葉選びをしていた手元が、ひととき止まりましたのは、昏れ入る海の面が、幾重にもよじれていたからでございます。

ああもうこれで、ご返信は来ないのだとわが胸に云いきかせました。二回目の往復書簡を続ける返事を藤原良雄さまに伝えたばかりでした。

いまわの時刻が刻々と近づいている中で、鎖骨が折れましたとか。一人の全生涯を死に至らしめるのに、ここまで入念に致命的な打撃を与えねばならないのでしょうか。富雄先生は全面的にそれを受容なされました。

十字架から下された聖なる人を迎える気持になって、私は遠い所からこのお方をお迎えいたしました。

式江さまのご悲嘆はいかばかりか。これから先のおさびしさが、ご心身をいためないよう、お祈りするばかりでございます。奥さまの、想像を絶するご献身のおかげで、私ごとき者まで、先生の最後期の思索の、お伴をさせて頂きました。

理論にはほとんどなりえない私との文章のやりとりに対して、先生は『言魂』のやりとりであるとおっしゃって下さいました。この上ない書名をたまわり、お形見と思い、大切にいたしております。

そもそもは御高著『免疫の意味論』『生命の意味論』を人間学研究会の仲間と読んだことが、ご縁のはじまりでございました。

ことに、『生命の意味論』のまえがきで、

わかりにくい所は飛ばして読んでいただいてさしつかえない。またどこから読みはじめてもかまわない。

とお書きになっているのが、おそるおそる読んでいた私には天の声とも聞え、読書の極意をさずかったかのように、宇宙の詩情を交じえながら読めるようになりました。

理解力が拡散して、元へもどって来ないことがありましても、今のところ私はこの御著書を、二十世紀への創世神話として読んでおります。先生が御亡くなりになられてからは一層その感じは強くございます。

何者でもないただの一もの書きが、台所の隅で細胞のことなど考えておりますと、この世紀をアニミズムでとらえ返してみたくなるのですが、それというのも、ご著書の中に、「元祖細胞」というのが出てまいり、私は常ならず親愛の情を抱きまして、エプロンのポケットに、元祖細胞を入れて連れ歩くようになったからでございます。

ここに元（はじめ）の祖（おや）　細（こまか）き胞（あわ）の命（みこと）いでまして
天地（あめつち）の間のことを語り給ひき

などと呟きながら多田先生のご受難を考えていると、制度として発達した文明社会では、肉体や魂を持った学問は、制度への供犠としてあつかわれるのではないか、そういうことにはさせまいと思ったことでした。

東京の友人が二年前のご夫妻の、新聞写真を送ってくれました。のどに食事用の管を入れて、式江（のりえ）夫人が「よござんすか、よござんすね。入りますっ、ポン」とおっしゃって、命がけの食事がはじまります。たぶんそれが無事にすんで、くつろぎのお時間なのでしょう。じつにおしあわせそうな、あけっぴろげなお写真をみて、涙がこぼれました。——こういうしあわせもおありだったのだ、よかったよかった。

最後のお手紙には、本郷の「孤城より」とありました。免疫学の世界的権威とうたわれながら難病に倒れ、ご不自由な躰をひきづってリハビリ問題の先頭に立たれたり、農業を基本にすえた、文明論を立案なさったり、この「孤城」は、後世へのみちびきが、なつかしく灯っているお城となりました。

あの世との交信を考えはじめています。『生命の意味論』につなげて、神話と申しあげるゆえんでございます。

* * *

NHKの取材班が、亡くなられるひと月ほど前に、「今もっとも、おっしゃりたいことは何でございましょう」とお伺いしたのに、二十分くらいお答えがなく、お暇しかけた時に、先生がベッドの上の人工音声機に打ちこみはじめられたそうでございます。

「今はこんな状態でとっさに答えができません。しかし僕は、絶望はしておりません。長い闇の向こうに、何か希望が見えます。そこに寛容の世界が広がっている。予言です」

「失語症の集いイン首都圏」に出席された感想が、最後に近い『落葉隻語』に記されています。

――わずかな理解者と患者たちの協力、親身に努力してくれる言語聴覚士やボランティアの力で開かれ、五百人を越える人が集まった。身体の不自由さに加えて言葉が操れない悲しみは健常人の想像を越えたものがある。

社会から疎外されて人との交流も少なく、孤独な戦いの連続である。私が言葉を失った体験を話し終ったとき、聴衆から「多田先生！」という声が上がった。私も精一杯の声を張り上げ、「ハーイ！」と答えた。

社会からは疎外された人たちだが、外にはやわらかい秋の日差しが、さんさんと降り注いでいた。――

多田先生は、新しい出逢いをされつつあったのではないか。人間を見る視点はさらに深まって、言葉だけでなく、存在自体も無化されて、次の時代の土壌となるときがくると思います。受難「希望」も「寛容」も普遍性をおびながら、この会場の交流のなんと初々しいことでしょう。

のはての深い沈黙の上を、歴史の中の影が一人、また一人と通ってゆくようでございます。

先生が、通ってゆかれました。この上なく初々しいご自分の魂を灯りにかかげながら。

お邪魔にならぬよう後ろからついて参ります。いつかは、魂のきずなというものがわかるかと願っております。

ハゼの子ら
豊葦原の
葉にねむる

稲の花
かほる地平や
朝の霧

Ⅲ　自分という存在

遠い夏の日の川

この原稿を書くために、四十数年ぶりで夏の鬼怒川のほとりを歩いた。私の郷里、茨城県結城市は栃木県境にある小さな町だが、その東側の単調な平野を鬼怒川は流れている。上流は紅葉で名高い渓流だが、このあたりでは水田の灌漑に利用されているだけである。

私は子供のころ、この川で泳いだり舟遊びをした。行ってみれば、思い出が沢山流れているはずである。それをもう一度確かめてみたかったのだ。

私たちが泳いだのは、隣町の下館市との境にある川島というあたりである。昔は古い木橋がかかっていたが、水が出るたびに流されたので、私の小学生のころにはコンクリートの橋にかけかえられていた。川の水量はふだんあまり多くなく、広い河川敷には雑草が生い茂っていた。砂利の川瀬が盛り上がったところはかなり広い洲となっていた。私たちは浅瀬を渡って洲に上がり、そこで水着に着替えて泳いだものだ。

コンクリートの橋脚の下あたりに少し深くなったところがあって、そこだけは水が暗く渦を巻いていた。水深は子供の背丈の倍もあるから気をつけろと言われていた。子供たちはここを川島の橋のピアーと呼んでいて、橋脚によじのぼってはそこから飛び込んだりした。下流はすぐに浅瀬になっていたので、飛び込んだり泳いだりできたのは、このピアーのあたりだけだった。それでも時々子供が溺れ死んだという噂があって、臆病な私などはかなり緊張して泳いだものだ。

今回、私は弟の車に乗って、暑い夏の日の午後ピアーのある橋の下まで行った。何か記憶を呼び覚ますものがあるはずだと思って。

砂利の洲の間を鬼怒川は昔と同じ暗い色をしてざわめきながら流れていた。白いシャツに麦わら帽子の鮎釣りの人が数人、腰まで水につかって糸を垂れていた。夏のむっとする空気を川風が押し流してゆく。橋の下では涼を求めて車で来た男たちがビニールシートを敷いて缶ビールを飲んでいる。川瀬の向こうは蘆(あし)が群生し、先端が風にそよいできらきらと光っていた。川というのは、水ばかりでなく空気が流れる空間でもあった。

私は、しきりに昔のことを思い出そうとした。あの橋脚のあたりにぼくらは群れていたはずだ。日焼けしたやせた腕で橋脚の段差を摑んでよじのぼり、紺色の毛糸の海水パンツに白いゴムのベルトをしめて、あのあたりから飛び込んだはずだ。水しぶきがあがって、黄色いゴム帽子をかぶった女の子が声をあげてすばやく逃げた。

ところが、それ以上は何も思い出せない。私たちはそのころただ無心に毎日を遊び呆けていただけなので、それ以上何も起こらなかったのだ。一日中太陽に照りつけられて発熱した体をだるそうに運んで、畠の中の踏切を渡って家に帰った。帰宅すると、もうただ無性に眠くなって昼寝しただけだったのだ。

私はもう一度川のことを思い出そうとした。両親や兄弟たちと舟遊びをしたこと。父は投網（とあみ）の名人だったから、家族や友人を連れてこの川によく来た。若かった父が空中に大きく円を画（えが）いて網を投げた姿を思い出す。広がった網の周囲が水しぶきをあげ、ゆっくりと引き寄せた網のあちこちに銀色にピクピクと動く魚がいた。父は小さな魚をちぎりとるように摑んで川舟の中に投げた。

いま捕ったばかりの鮎や山女（やまめ）、赤腹（あかはら）などは、母がコンロにかけた油で天麩羅にして食べた。みんなおいしいと言っていたが、好き嫌いの多い私は、川魚の料理は嫌いだった。それにこのゲームは私には何となく残酷な感じがして好きになれなかった。あのときの川風の感触がよみがえってきた。

それから、それから——。

だが私にはなぜか思い出せない。中学（旧制中学）もこの鬼怒川の下流にある茨城県立水海道（みつかいどう）中学校だったのだから、学校の水練などで泳ぎに行ったにちがいないのだが、ほとんど川の思い出はない。内向的で臆病な子供だったためか、頑健な少年だけが持つ夏の荒々しい感触は、記憶にほとんど溜め込まれなかったのかも知れない。

そのとき突然、私の記憶に生々しく甦ったものがあって私はドキリとした。もう何十年も思い出したことのない記憶である。

昭和十七年だったはずだ。私が小学校（当時は国民学校と言った）の二年生の夏のことだと思う。

父方の従兄でヤスヒコさんという青年がいた。その年に早稲田の予科に入ったばかりの大学生だった。

ヤスヒコさんは、父の長姉が隣県の栃木市の大きな金物問屋に嫁いで、そこの次男として生まれた。父親を早く亡くして母親の手ひとつで育てられたので、盆や正月には母の実家、つまり私の生家に祖父母を訪ねて来ていた。

私は長男だったが、生まれてすぐに祖父母のもとに引きとられ、両親とも弟妹とも離れて育ったのでいつもひとりぼっちだった。だからヤスヒコさんが祖父母の家に来るのが楽しみだった。栃木中学校の生徒だったころの彼がやって来ると、背中によじのぼったりしてまとわりついて離れなかった。

太平洋戦争が激しさを増していた昭和十七年の夏、早稲田の予科に入ったばかりで東京から帰省したヤスヒコさんがやって来た。そしてある日、小学二年生の私を川につれて行って水泳を教えてくれたのだ。

私たちは、鬼怒川の支流で結城市をかすめるようにして流れる田川という用水路のような小さな川に行った。いまでは位置が変わったが、用水のための堰（せき）があってそこだけ川幅がふくれるように広がり、水も深く淀のようになっていた。周囲の土手には篠竹が密生して、その中に細い踏み固められた道があった。

ヤスヒコさんは白い越中褌一丁になって水に入り、私に手をさしのべた。いま思い出したが、私はその時までちゃんとは泳げなかったのだ。ヤスヒコさんは私を抱えるようにして水に浮かばせ、辛抱強く泳ぎ方を教えてくれた。臆病な私も、大好きなヤスヒコさんが捉まえてくれていたので、リラックスして手足をのばし、初めて水に浮かぶことを覚えた。

一時間ほどして岸に上がって、しばらく草の上に腰を下ろして休んだ。そのときヤスヒコさんと何の話をしたのかは覚えていない。しかし、あの時田川の堰の川岸で、チクチクする草の上に座ってセミの声を聞いたことだけは、いまでもありありと覚えている。突然甦ったといったのは、その時の記憶である。

それからしばらくして翌昭和十八年の春、ヤスヒコさんは学生の身で海軍予備学生を志願した。年齢が足りなかったためすぐに入ることはできず、横浜の飛行訓練所に入所して特攻隊員になる準備を始めた。やがて昭和二十年の初めには、特攻隊の民間予備隊として結成された学鷲（がくしゅう）血盟特攻隊というのに参加して、琵琶湖あたりで特攻の飛行訓練をしていると聞いた。

ヤスヒコさんはその訓練のさなかに病気になって、実際の戦争に参加することはできなかった。二十年の夏、戦災で焼けた東京に戻り、疲労しきった体で郷里にたどり着いたのは終戦の前日だったという。腸結核で見るかげもなくやせ細って、一時は私の祖父のやっていた医院の二階で療養していた。私たち子供は感染を恐れて面会することを許されなかったが、敗戦後病気が日々悪化していると聞かされて、私の心は暗かった。父がどこからか山羊を一匹つれて来て、「ヤスヒコに乳を飲ませる」と言っていたのを覚えている。

国を思って十八歳で特攻隊を志願し、再起不能の病気となって帰ったヤスヒコさんは、終戦後みるみるうちに衰弱して、翌二十一年の五月に亡くなった。大正十五年生まれだったから、二十一年の短い生涯だった。

私はその後、ヤスヒコさんが生前志野冬彦というペンネームで詩や演劇の脚本を書いていたことを知った。同人誌などに発表されたヤスヒコさんのかなり大部な遺稿は、その後彼の兄篠崎哲哉氏の手で出版された。

その中にこういう詩がある。

発見

雨が降り
風が吹く
私はそんな生活に
なにを見出して来たか

陽は再び雨雲を破ることもないだらう
野に生ふ千草は昔の夢を語りはしまい
地球は冷たく

火も消え果てて凍ってしまったから

私はただ
自分の生命(いのち)が
身体ごと
大地の冷たさに抱かれるのを静かに待たう

亜熱を病む
無残な私の眼だけが
一切の滅びた後も
虚妄の大気を冴いてなにものかを求めるだらう

陰鬱な天気に
桜の花も散ってしまった
それはふさはしいことだ
泯(ほろ)びゆく種族の最後の日に

「二十年四月十一日の感想」と付記されているので、訓練中に病いを得て病床についたころの詩であろう。大東亜戦争も敗色濃くなりつつあるなかで、病いが深まってゆくのを覚えながら書いたものと思われる。ヤスヒコさんは、こういう無残な状況の中で天皇の赤子ではなく一人の人間としての自分を発見していったのだろう。そして、敗戦後に書かれた詩の中には

「グザグザに刻まれ
こぼたれた人形を
もとに戻して下さい」

という断章もあった。

終戦の年、私は小学五年生であった。ヤスヒコさんに教えられた水泳も大分身について、毎年夏になれば鬼怒川に泳ぎに行ったにちがいない。でもその後この川で遊んだことは何ひとつ思い出せない。それなのにヤスヒコさんと一度だけ泳いだ田川の堰の、盛り上がるようにして流れる暗い水や、川辺の草むらで聞いたアブラゼミの声、そして恐れというものをまだ知らない強健な青年の褌一丁の姿は、いまでもありありと思い出す。

二つの母校

私には二つの母校がある。

どちらも中途半端で本当の母校とは呼びにくいが、昭和という激動期における二つの時のつなぎ目のように思われて懐かしい。

第一は、茨城県立水海道中学。いまの水海道高校である。私たちは、この旧制中学の最後の入学生である。

最後というのは、翌年には学制改革があって学校は新制高校に変わり、私たちは付設中学校の生徒という中ぶらりんなことになった。高校二年になるまでの四年間、私たちには下級生というものが存在しなかった。

私の実家のある茨城県結城市には、旧制の高等女学校があったが、中学校はなかった。小学校を卒業するとすぐ、三十キロほど離れた水海道の親戚の家に預けられ、そこから学校に通うことになった。戦後間もなくのことなので、戦闘帽に国民服を着て入学式に行った写真が残っている。

茨城県のこんな田舎でさえ食糧難は深刻で、私はリュックを背負って、常総線というとてつもなくのろい私鉄と、国鉄水戸線を乗り継いで実家に帰り、お米を担いでは下宿に運んだ。途中でヤミ米の手入れがあって、夜の線路を逃げまどったこともある。

水海道は、関東平野ののどかな農村地帯にあるが、私はここで転換期でなければありえなかったいくつかの貴重な体験をした。第一は、戦争中東京から疎開していた同年代の少年たちと出会ったことである。田舎育ちの私たちには、油絵を描いたり、ピアノが弾けるような少年を見るのは初めてだった。彼らが、なんと新鮮で刺激的に映ったことか。私の人格形成はこの疎開少年たちの影響でなされた。そのころの友情はいまでも続いている。

しかし上級生には六歳も年齢が違う「予科練帰り」の少年、というより青年たちもいて、暗い荒んだ陰を身にまとっていた。都会の、田舎の、そして戦争から帰った少年などが、粗末な木造の校舎に身を寄せ合って、新しい時代が到来するのを待っていた。

先生たちもまた、戸惑いながら「自由」という新しい実験をスタートしていた。生物のK先生は、授業時間には私たちを野山につれ出し、草の上に寝そべって植物や昆虫の名前を教えてくれた。受験勉強で詰め込む生物学とは全く違う。後年、私が自然科学の研究に打ち込むようになったのは、この先生のおかげである。

高校一年生になったとき、もう一つの大事件が起こった。男女共学である。水海道高校にも四人の女生徒が入ってきた。私たちは、このふしぎに優雅な異人種を、新時代の到来のシンボルとして迎えた。

そのころから、疎開していた友達はつぎつぎに東京に戻っていった。ある日、その一人から手紙がきた。彼は朝起きるのが苦手なので夜間の定時制高校に入り、日中は毎日自由時間だと書いてある。なるほどそれはいい、もう受験勉強も始まることだし、下宿生活もつらい。郷里の女学校も結城第二高校となって男女共学だという。

私は高校二年の夏実家に帰り、思い切って結城第二高校に転校した。二年生の全生徒二百人中男子は二十五人。

世界は一変した。私は完全に解放され、女生徒たちと演劇部を作って演出などもした。もう何のためらいもなく肩を組み歌を歌うことができた。

自由というものの味を覚えた私は、高校三年の夏ひそかに家族中の配給米を外食券（これがないと食堂で御飯が買えなかった）に換え、家出した。二カ月ばかり、東京本郷の医療器具店に住み込んだ。やがてよれよれになって帰ってきた私に、母校は優しかった。足りなかった出席日数を都合してくれて、無事卒業することができた。

いつの間にか時代は、戦後の暗さを拭って、キラキラした上昇気流の中に突入していた。

戦後初めての少年

横浜に住んでいるシイナ君から久しぶりに手紙が来た。シイナ君と私は、終戦直後の昭和二十二年ごろ、茨城県の小さな田舎町にあった旧制県立水海道中学校の同級生だった。翌年には、学制改革で、学校は新制高等学校となり、私たちは付設中学の生徒となった。

私たちは三年生まで下級生というものがなく、次の年は自動的に新制高校の一年生に編入された。だから卒業したときは入学した県立中学はなかった。

私たちは不思議な混成学級だった。というのは、私のような田舎の子と、シイナ君のような都会から疎開してきた子が混じっていたからである。一見してわかるほどその差は明瞭だった。でもそれが差別やいじめにつながることはなかった。茨城弁と東京語と、二種類の言葉が共通に使われていた。同時に田舎の文化と都会の文化が交流する場であった。

生徒たちばかりではない。先生たちも、戦争で大学を離れていた若いモダンな学者や、旧制中学のころの博物学や漢文のいかめしい教諭がいた。そこで私たちはようやくこの国に根ざし始めた、自由な空気を胸いっぱい吸って学び育った。

シイナ君の手紙は私からの近況報告を受けて、こんな言葉から始まった。

「ほんとに手紙ありがとう。涙がこぼれそうになりました。確かに君の言うように、私にとっても水海道が人格形成の原点です。

今も楽しみとしている音楽・文学など全てが、その時期が源ですから……。君の下宿で聴いた君の叔父さんのレコード。ゲルハルト・ヒュッシュの『冬の旅』、エーリッヒ・クライバーの『田園』の延長線上に今の僕があるのです。

そう、君と授業中に『チャタレイ夫人の恋人』を回し読みしたことや、太宰治の本に触れさせてもらったことが、僕の知的な関心を育ててくれたのです。疎開もなく君と会わなかったら、どんな人生を送っていたのだろうかと振り返るとき、君との出会いに感謝しているしだいです」

読んでいるうちに、私の眼前には十三歳の少年時代の風景がパッと広がり、胸が熱くなった。そうだ。そんなこともあったのだ。バリトン歌手のゲルハルト・ヒュッシュもチャタレイ夫人も、あのころに経験した。それまで戦争のカーキ色に染まった幼年時代を送ってきた私たちにとって、この中学に入ってから知ったことは、すべて別世界だった。

私たち、というのは昭和八年から九年生まれの世代だが、ひょっとするとそれは戦後初めての少年だったのではないだろうか。少年なんてその前にもいたといわれるだろうが、私たちの前には軍国少年とか、愛国少年とか、何か形容詞が影のようにつきまとった少年がいた。少年というには影のほうが強すぎる、予科練くずれとか士官学校帰りなど、戦争の匂いのくすぶったまるで違った人種が上級生にはいた。

そんな戦争の匂いは私たちにはもうなかった。混乱はまだあったが、自由というものをしっかりと手にしていた。どこの国の少年とも同じように、何にでも興味を持ち、ためらいはなかった。

私たちは荒れた野山を駆け巡り、食糧難にあえぎながらも、精いっぱい背伸びをして知識をむさぼった。きっとあれが戦後初めて、少年らしい少年だったに違いない。世の中は貧しかったが、今よりずっと豊かな少年時代を私たちは送った。食糧難でひもじかったし、巷には闇市、アメリカの進駐軍も跋扈している時代だった。

あれからシイナ君たち、疎開していた少年は都会に帰り、田舎にはまた退屈な時間が戻ってきた。でもいったん知ってしまった田舎にはない世界は、ずっと私たちの背中にくっついてきた。私は音楽に熱中し、ピアノやクラリネットを一人で習った。油絵をへたくそながら描いたし、本気で詩人になろうと詩作に専念した。

シイナ君は東京工大に進み一流会社に就職した。同級の疎開少年には、東大を出て外交官になったのや、夭折した画家や詩人もいた。田舎に残された少年の中にも、大学教授や画家が育った。実業家として成功した者もいる。

それぞれがこの五十年余を存分に駆け抜けた。いわゆる変革期の中心にいた人物だったし、経済成長を成し遂げた戦士でもあった。シイナ君もその一人だった。そのエネルギーのもとはあのころの経験である。

戦後初めての少年たちは今七十歳になろうとしている。その前後の、どの世代にもまして、それぞれに少年時代の思い出を懐かしんでいる。その後に遅れてやってきた、もっと屈託のない、いわゆる戦後派世代とも違っている。屈折はしていたが、初めて自由を手にした者であったことに初めて気づいた。それは私たちの原点であったと同時に、戦後日本の原点でもあったのである。

わが青春の小林秀雄

私は昭和二十六年、高校三年生の夏休みに、茨城県結城市の生家を家出して、東京の本郷二丁目にあった医療用ゴム製品問屋にころがりこんだ。東大独文科にいた歳の近い叔父が、この商店の留守番をしていたから、彼を頼ってここに来たのである。

翌年の冬まで断続的に家出しては、ここに住んだ。兄弟のようにしていた叔父は、まるで犬の仔みたいなやつだとぼやきながらも、突然現れては立ち去る私を大事にしてくれた。

まだお米は統制されていたころだから、私は家中の配給米を、当時外で飯を食うために必要だった外食券に換えて家を出てきた。家人は大いに迷惑したらしいが、誰も私が家出したとは思わなかった。「あいつがまた」と思ったに過ぎなかった。

受験浪人生活もそこで、アルバイトをしながら送った。ゴム屋さんは、留守番が二人に増えたので、時には「学生さん、暇だったら近くの医院までこれ届けてくれませんか」と、ネラトン・カテーテルなどを配達に行かされた。その医院の先生や看護師に、医学部志望の受験生はかわいがってもらった。

まだ戦後のにおいが色濃く残っていたころである。私がいた本郷通りの家の裏からは、当時春木町とか金助町とか、旧町名で呼ばれていた本郷の家並みが、東大竜岡門辺りまで見渡す限りバラックに毛の生えたような木造の平屋で続いていた。半ば壊れかけた本郷教会だけが、戦災に焼け残った巨大な影となっていた。

私は外食券を持って、朝から東大の学生食堂のセルフサービスの列に並んだ。受験勉強の合間には、詩のようなものを書いては、行き先も決めずに、本郷界隈をほっつき歩いていた。青春とは、物は何もなかったが、いつも何かが溢れていた。

当時の文学少年にとって、中原中也はどうしても避けて通れなかった。その中也の無頼の友として、またランボーの『酩酊船』の訳者として私は小林秀雄を読み始めた。あるいは、兄弟みたいにしていたドイツ文学者の叔父の導きもあったと思う。そのうち、富永太郎の詩に心酔し、中原、富永、小林三人の間に特別な友情があったことに、一種猛烈な嫉妬のようなものを覚えて、ますます深入りして読むようになった。

小林秀雄の「モオツァルト」や「ゴッホの手紙」は、高校卒の浪人には全部理解できたわけではなかったが、当時流行りかけていた音楽喫茶で「ああ、これが小林の言う tristesse allante（きびきびした悲しみ）というものか」などと、頷きながらモーツァルトの交響曲四十番を聴いたものである。

そして、「無常といふ事」を読み、能にも開眼した。小林も「當麻（たえま）」の末尾に引用している、富永太郎訳のヴィヨンの詩「さはれ去年（こぞ）の雪何処（いづく）にありや」という美しいリフレインを口ずさみながら、夕闇の水道橋能楽堂の横の坂道に消え残った雪を眺めて歩いたことを思い出す。

やがて大学の医学部に進んだころは、マルクス・レーニン主義にかぶれた学生の、三拍子の激越な演説口調の議論にはついていけなかった。それが「様々なる意匠」のひとつをまとっているに過ぎないことを、見抜いていたからである。親友に反動分子と罵られて、下宿に帰って唇を咬みながら、小林の本を読んだ記憶がある。

確か創元社から出ていた、シンプルな白い箱に入った『小林秀雄全集』を、手垢にまみれるほど愛読した。だからこの全集は、私の思想的貞節を守るバイブルだった。

それから安藤元雄や江藤淳と同人雑誌を発行して、詩のごときものを発表していたが、私のルーツは富永太郎だったから、小林との縁は切れたわけではなかった。むしろ小林の美学に触発された文章や象徴詩を書いていた。

このころから、医学の勉強が忙しくなり、文学少年の時期は徐々に遠ざかっていった。しかし、私の生活の信条は、依然として小林のものだった。青春は終わっても、小林の『本居宣長』が、私の美学や歴史観に離れがたく引っ付いていた。

大学を終えて、基礎医学の研究者になった私は、もう文学など忘れたように免疫学の研究に没頭した。昭和五十八年、実験室で小林の訃報を聞いた。

信じられなかった。私にとって彼だけは死ぬ存在ではなかったからだ。あんなひとでも死ぬんだ、と裏切られたような感じがした。馬鹿馬鹿しいとは思うが、不死の存在ではなかったという空しさが私をぶちのめした。悲しさはなかった。ただ空しかったのだ。

この世からいなくなった小林は、しかしその後も生きていた。結城の蚊絣を着て、まったく生前と同じ姿で、私の脳の中でべらんめえ口調で喋っていた。「生きているものはどいつもこいつも頼りねえ。そこへいくと、死んでしまった人間というものはたいしたもんだ。なぜああはっきりと、しっかりして来るんだろう。まさに人間の形をしているよ」と、確か「無常といふ事」で語っていたが、小林自身が死んでそうなっていた。

後に白洲正子さんと親交を得て、若いころの小林秀雄との交際の昔話をよく聞いた。私は生前いっぺんも会ったことがないのに、まるで青春時代の旧友の話のように、懐かしく聞き入った。

今、私の執筆している机に、猿の形の取っ手の付いた金属の鈴が置いてある。小林が生前使っていたものだ。声の出せない私に、家人を呼べるようにと、白洲明子（はるこ）さん（小林秀雄の長女）が下さったものだ。晩年小林が書斎の机の上に置いて、人を呼ぶのに鳴らしたものだそうだ。半身不随の私は、妻を呼ぶたびに、一日に何回かこの鈴を振る。

チリーンと澄んだ音がする。それを聞くたびに、小林がそこにいるようで、懐かしさに身をすくめることがある。書くのが苦しくなった時も、それを振ると力が湧く。

ラリマー・ストリート

あなたは「ダウンタウン」というアメリカで流行ったメロディを覚えているだろうか。

一九六〇年代にアメリカを旅したものなら誰でも、この軽快な旋律を耳にしたはずである。その歌はようやく自信を取り戻した敗戦国日本に、戦勝国アメリカが最後に見せつけた、弱弱しい落ち陽の輝きのように私には聞こえた。

六〇年代は、昭和に生きた日本人にとって、忘れられない変革の時代であった。安保闘争、ケネディ大統領の暗殺、東京オリンピックの開催、新幹線の開通、ビートルズの来日、ベトナム戦争の泥沼化と反戦運動、ヒッピーという新しい文化の台頭、学生運動の激化、みんな激動の時代を象徴している事件だった。この時代を生きた人の、人生観を変えるような出来事だった。

私は一九六四年に医学部の大学院を修了し、その夏にアメリカに留学した。三十歳になったばかりの独身青年だった。まだ一ドル三六〇円のころ、ドルの持ち出しにも制限のついていたころであったが、もともとそんな金に縁はなかった。

オリンピック景気に沸いていた日本を離れ、青雲の志を抱いて、初めて乗った飛行機を乗り継いで、アメリカ合衆国のコロラド州の州都、デンバーの小さな研究所の研究員となった。月給は二二五ドル、裕福ではなかったが、単身の青年の生活には十分すぎるほどだった。無給だった日本での生活に比べればだいぶ余裕があった。

ドイツ系の老夫婦がオーナーの古い家の二階を住処に決め、私の六〇年代のアメリカ生活が始まった。胸躍る出発だった。

デンバーは、マイルハイ・シティといわれるように、ロッキー山脈の麓、標高一六〇〇メートルの高地に位置する、アメリカ中西部の代表的な都市である。高地のため空気が澄んでいるので、昔からサナトリウムが有名だった。私は喘息の研究所の見習いの研究者であった。

ゴールドラッシュの時代には、近くの金鉱の町、セントラル・シティを従え、金取引の中心的都市として西部の繁栄の歴史を担った町である。

私の住んだ郊外は、栗鼠が走り回る楡の大樹が影を落とし、広い芝生に囲まれた瀟洒(しょうしゃ)な家が連なっていた。典型的アメリカン・ライフだと、田舎者の私は感心するばかりだった。

こんなに深い青空がこの世にあるのだと驚いたほど、紺碧の空は、いつも飛行機雲が鮮やかに尾を引いていた。晴れた日には、雪を頂いたロッキー山脈が西の空に遠望された。

到着したばかりの数週間は、見るもの聞くもの何もかも珍しく、初めてのアメリカ生活に私は有頂天になった。研究のことを書くのは、今の目的ではないので、ここで過ごしたアメリカの六〇年代のことを回想してみよう。

到着して偶然目にした写真誌『ライフ』の表紙は、キャシアス・クレイ（モハメッド・アリ）のグローブを構えたクローズアップ写真だった。別の号には、ベトナム戦争の生々しい写真が一冊全部を占めていたのを思い出す。ラヂオのスイッチをひねれば、ビートルズの「HELP!（ヘルプ）」や「アイ・ウォント・トゥ・ホールド・ユア・ハンド」、そしてペトラ・クラークの「ダウンタウン」の懐かしく軽快なメロディが流れてきたあの時代が、私の遅かった青春に刻み付けた、少しばかり痛みを伴った古傷がある。

研究生活にも慣れると、私は無性に町に出たくなった。見知らぬ町。日本とはかけ離れた豊かさの裏に、何があるのかが私には興味があった。習慣も言葉も違う、私には未知の世界だった。私はいつしか無防備の彷徨に心が駆られていた。若い私には、頑健な体と、みなぎるばかりの好奇心だけがあった。

私の住んだ、西の郊外からは、家並みの向こうにダウンタウンのビルがくっきり見えた。今では中西部の大都会として、高層ビルが林立しているデンバーも、六〇年代は西部劇に出てくるような田舎の都会に過ぎなかった。でも歌に出てくる夢のようなダウンタウンに出てみよう。私は決心した。

当時のデンバーのダウンタウンで、一番高かったビルは、四〇階くらいのファースト・ナショナル・バンクの薄い空色のビルだった。ほかには二〇階を超えるビルは少なかった。ずっと東には、州議事堂の金で覆われた丸屋根が、ゴールドラッシュの西部の繁栄を誇るかのように夕日に煌いていた。

私は研究の仕事を五時過ぎに終え、一〇分ほどドライブして、胸の浮き立つダウンタウンに来ては時間をつぶした。何か目的があったからではない。ラヂオから毎朝聞こえてくる、甘い、若者の心をそそのかすような、「ダウンタウン、ダウンタウン」という軽快な歌声に、私は街灯に集まる蛾のように、ダウンタウンの出すフェロモンに引き寄せられたのだ。

夏時間なので、夜九時ごろまで明るい町並みをあてどなく歩き続けた。道路の敷石に、自分の影が長く引き伸ばされるころ、安いスパゲッティのような夕食を食べては、満ち足りて帰った。その時間になると、町は閑散としていた。銀座や新宿のような夜の賑わいはなかった。

デンバーは典型的な中西部の都会で、当時人口は五〇万くらいだった。広島と同じくらいだなと思った記憶がある。町は東西南北に碁盤目状の道路で仕切られたダウンタウンと、それに斜めに交差する街路を持つ住宅地に分かれ、東は黒人の居住地区、北はメキシカンや日本人というように住み分けがあった。貧困層が多い黒人の地区には足を踏み入れるなと注意されていた。私の住んだ西のほうは、比較的安定した白人の年金暮らしが多かったから、ここにいる限りは、アメリカの中産階級の平均的生活が見られるだけだったのだ。

私の家の近くにスローンズレイクという湖があって、夏の間は水上スキーのモーターボートの音が終日響いていた。湖岸にはドライブイン・シアターのスクリーンが、音のない巨大な幻影を、夏の夜空に映し出していた。


私は夕暮れになると、ダウンタウンに行って、くまなく歩くのが習慣となった。何の目的もない、青春の彷徨だった。


当時のデンバーのダウンタウンには、何のことはないアメリカの平均的都市生活があるだけだった。日本から見ればはるかに清潔で文化的だったが、銀座や新宿に比べて、なんとなく寂れた、気の抜けた感じだった。都会のエクサイトメントには欠けていると思った。

人口密度が低いせいかもしれないと勝手に解釈し、失望しかけたころ、ダウンタウンの片隅に、寂れてはいるがその中にも一種華やぎのある一画があることに気づいた。今まで見たこともない怪しくも心に残る一画だった。

それはダウンタウンの西のはずれにあたり、十九世紀末に建てられた、古い汚れた四階建てのレンガのビルディングが続く町だった。安ホテルの窓から、レースのカーテンが流れていたのをありありと思い出す。

そこを過ぎると、ユニオンステーションという大きな鉄道の駅があるが、週に何度か客を乗せた列車が着くばかりだった。長い貨物列車が留っていることはあっても、乗客を見たことはなかった。大勢の人間が乗り降りする、賑やかな駅の空気はなかった。

ゴールドラッシュのころは華やかだったと思われる駅前は、寂れ果てた薄暗い町に変わり果て、ホテルのサインさえ出ていない安宿が連なっていた。人影はまばらで、駅前は寂れた場末に過ぎなかった。

私が気を引かれた町は、このユニオンステーションから数ブロックのところにある。町の名はラリマー・ストリートといった。その裏は、倉庫やウエア・ハウスが連なるマーケット・ストリートという街区になる。そこまで行くと、人気もにわかにまばらになる。

その先はステーションに付随した操車場になっていて、がらんとした荒れ野に、置き去りにされたような貨車が連なっていた。

ラリマー・ストリートには、侘しいネオンのついたバーらしい店が二、三軒あった。夕暮れになると、店からは賑やかな音楽が流れ、にわかに活気付いた。

ドアのあたりには粗末な身なりの飲んだくれが、必ず二、三人たむろしていた。私が通ると、

「ヘイ、兄さん（ヤング・マン）、一〇セントあるか（ドゥ・ユウ・ハブ・ア・ダイム）。コーヒーを飲みたいんだ」

などと声をかけられた。私は本能的に警戒したが、何か不思議に心ひかれるものがあって、小銭をポケットの中に握り締めて、店の前を行ったり来たりしたものだった。

たかられたからといって、たかだか二五セント（クォーター）である。私は乞われれば、気前よく小銭を恵んだ。

時には、話を聞くこともあった。たわいない酔った上での繰り言だったが、英語の出来ない私には、生きた英語の練習になった。私はいつの間にか彼らの顔見知りになって、挨拶を交わすようになった。

そんなある日、突然ドアが開いて人が出てきた。まぶしい店内の明かりと喧騒が溢れ出た。店にはバンドが入っているらしく、ギターやスチールギターの伴奏で、カントリー・アンド・ウェスターン・ミュージックらしい男の歌声が聞こえた。私は何かに引き込まれるように店に入っていた。

店は中央に、長方形の大きなカウンターがあり、それを囲んだ止まり木に客がたむろしていた。両側には、高い背もたれで仕切られたブースが連なり、それぞれに四、五人の客が声高に議論していた。カウンターには、上からワイングラスと何本ものウィスキーの大瓶がぶら下がっていて、その口にグラスを当てると自動的にダブルショットが注がれる仕組みだった。カウンターの中には、太ったバーメイドと、体の大きい、いかにもこわもてそうな、金髪のバーテンダーがサービスをしていた。私はドキドキしながらカウンターに座った。

「ビーア」と注文すると、年増のバーメイドが「クアーズ、ミラー、バド（ワイザー）、ミケロブ？」と早口で無愛想に聞いた。デンバーの地ビール「クアーズ」と答えると、三五セントという。どうやらここでは前払いらしいと、小銭を前に置くと、クアーズの小瓶が、コップもなしにボンと置かれた。瓶から直接に飲めということらしい。

店は気の抜けたビールのにおいと、安ワインの熟柿（じゅくし）臭さが充満していた。奥の一段高いステージでは、五人ほどの楽団が賑やかにウェスターンを演奏していた。なかなかレベルが高い演奏だった。時々歓声が起こるのは、リクエストした哀愁を帯びたウェスターンの曲が、演奏されたときらしい。

私がこのバーをなんだか懐かしいものと感じた理由は、どうもここへ来ると昔の西部劇の一場面のような既視感を覚えたからである。店の名はリノ・インといった。リノは、ネバダ州の金鉱の町で、西部劇ではおなじみの町だ。ここの客は、陽気な飲んだくればかりで、西部劇の登場人物のように思えた。ただいないのは、西部の英雄ガンマンだけだ。私は自分で作り上げたそんな錯覚の中に浸っていた。

バーメイドの名前は、アンジーとわかった。小太りの色白の顔に、濃いアイシャドウが隈を作っていて、見つめられると少し怖い気がした。五十歳を超えていると思われる大年増だったが、なんとなく人を寄せ付けない威厳を備えていた。大柄な白い肩に、黒いドレスの紐が食い込んでいた。南米のコロンビアから来た女だと後で聞いた。

特に彼女のほうから、私に話しかけてくることもなかったし、私もこちらから話しかけるほど英語はうまくなかった。私は毎度同じ銘柄のビールを注文し、彼女は無愛想にそれを私の前に置く。私は三五セントをカウンターに置いて、それをラッパ飲みする。それだけだった。

しかし、何度か行っているうちに、アンジーがどうも只者ではないことがわかってきた。無口で愛想はよくなかったが、たとえ飲んだくれの客でも彼女には一目置いていた。客同士の喧嘩が起きても、彼女が行って一言二言いうと騒ぎは静まった。彼女の右の二の腕には小さな真紅のバラの入れ墨があるのも、彼女を謎めいたものにしていた。

私はアメリカで初めて見つけた自分のバーを、西部劇の舞台に見立てて入り浸っていた。そこには、私が投げ込まれた、裕福な中産階級の退屈なアメリカでなく、少なくとも西部の貧しい庶民の空気があった。アメリカの都会の吹きだまりにある悲しみと喜びがあった。やっとアメリカに来たという満足感だった。

しかし毎日通っているのに、常連の客も、アンジーたちもよそよそしかった。私を遠くから眺めてひそひそと囁いているように感じた。私が入ってゆくと、急に静かになったような気がした。どうも突然現れた東洋人の青年は、彼らにとっては場違いのよそ者だった。

そんな疑いが芽生えたある日、私はドアを押していつものように入っていった。まだウェスターンの音楽は始まっていなかったが、カウンターには見慣れた面々がビールをすすっていた。その談笑が一瞬やんだように思った。

私はビールを注文し、いつものように三五セントを払った。するとアンジーが、まじめな顔で大声で聞いた。

「お前はクエアーか?」（アーユウクエアー）

一瞬周りが凍ったように静かになった。私にはクエアーの意味がわからなかったので、すぐさま聞きかえした。

「クエアーって何?」（ホワットイズクエアー）

すると周りから爆笑が起こった。アンジーも珍しく笑いながら、周りにいった。

「クエアーって何だってさ」

アンジーは笑いながら説明した。

「何にも知らないんだね。あれだよ。『おかま』のことだよ。チキンのこと」

と、大きな尻を振った。

ひとしきりの笑いが収まると、

「このごろ見慣れない東洋人の若いのが来るから、あいつは何だって話していたんだよ。そしたらあのフレディが、きっと『おかま』がけつを売りに来たんだといったんだ。今もその話をしてたんだ。でもクエアーも知らないんだってさ。アハハハハ」

私はどうやら受身のゲイと間違えられていたらしい。そういえば、日本人はよくゲイと間違えられると聞いたことがある。毛むくじゃらの外国人の大男から見れば、なよなよしていると見られても仕方がない。

あっけにとられている私に、角に座っていた作業着を着た客が、ビールを一本私の席に回してきた。彼こそ噂の震源地のフレディらしい。サンキューとサインを送ると、「飲め、飲め」と手振りして微笑んだ。次から次へ常連からビールが回ってきた。昨日とは打って変わって、話しかけてくるものもいる。それまでのよそよそしさはなかった。

こうして私の入団の儀式は終わった。このバーで起こる、五年間の私の青春の劇の始まりだった。

オール・ザ・サッドン

カフカの『変身』は、一夜明けてみたら虫に変身してしまった男の話である。その驚き、戸惑い、不安、すべてオール・ザ・サッドン（すべて突然）である。

私の場合もそうだった。一夜明けたら、思いもかけない声のない世界に閉じ込められた。目が覚めて叫ぼうとしたが声が出ない。訴えようとしても言葉にならない。その上、体は縛られたように動かない。信じられないことだ。

医師たちはそんな私をストレッチャーに括り付け、有無をいわせず核磁気共鳴装置（ＭＲＩ）の検査に連れて行った。目隠しをされて、大きな機械に横たわると、ガチャンガチャン、ポヤポヤポヤ、ビビビビビビ、カポンカポンというような音が聞こえてきた。頭蓋骨の中を透視して、脳の断面図を作っているのだ。

まるで超現実の空間に入りこんだようだったが、そんなのんきなことを言っている場合ではない。音は大きくなったり小さくなったりして、時には耳を劈くようなすさまじい騒音になった。逃げようとしても、無駄なことはわかっている。叫ぼうとしても、声が出ないのだから絶体絶命だ。あまりの恐怖のために全身が固まってしまった。失神してくれたなら、少しは楽になれたろうに……。

二十分あまりの検査が終わって、私は文字通り救出された。息も絶え絶えだった。顔が引きつって、人心地がなかった。妻が心配そうな顔で待っていたが、ただ目顔で、恐怖を訴えたつもりだ。

それがあの日だった。健康だった私が突然脳梗塞で倒れたのは、昨年（二〇〇一年）の五月の連休の直前であった。右半身の自由を失い、字が書けなくなった。喉の麻痺のため、発音も発声もできない、文字通り沈黙の世界に落ちたのは。それがみなオール・ザ・サッドンだった。

そればかりではなかった。喉の麻痺は、たとえ流動物であろうと食物を飲み込むことを不可能にした。どんなに飢えていても、喉が火のように渇いていても、一椀の粥、一滴の水も飲めない、まるで餓鬼のような生活が待っていた。

それから一年。物を飲み込むことは、だいぶできるようになったが、依然として声は出ない。右麻痺は完全に固定してしまった。リハビリで、杖を突けば歩けるようになったが、まるでゴリウォーグ*のケークウォークのように、よたよたと躓きながら五十メートル歩くのが限度である。

その日を境にして、私は別の世界に行ってしまったようだ。時間の単位が違ってしまった。切れ目のない灰色の時間が半直線的に続いている。その日から、何もかもが変わってしまったのだ。

その前日の一齣でさえ今とは違う。風景には色彩がついていた。あたりは音で彩られていた。私は何気なく赤葡萄酒を飲んでいる。軽やかに話しかけ、無頓着に笑っている。あの顔は紛れもない嘗ての私のものだ。懐かしくて涙が出そうだ。

私は確かに二本足で歩いていた。誇らしげにイタリアの漁村やアフリカの象牙海岸を闊歩していた。もう忘れてしまった二本足の関節を使って。

私は鼓を打っていた。『卒都婆小町』の能の聞かせ所だ。玄人でもこんな音は出ないといわれたほど美しい音だ。もう二度とその音を聞くことはできない。

今思えば懐かしいというばかりである。私のエッセイ集『懐かしい日々の想い』（朝日新聞社）は、そんな想いから編んだ。私が五体満足だったころのエッセイを集めたものだ。

灰色の時間から見れば、色彩のある風景はなんと生命に満ちていることか、沈黙から音響へ、無意味から意味へ、諦めから希望へ、拘束から自由への逆行性の歩みを、そこにもう一度映し出してみたかった。

私は今、若い頑健な運動選手のように、筋肉を鍛え、力を蓄えるためマット運動に精を出している。もはや歩けない日が、オール・ザ・サッドンにやって来ても、今日という時間を懐かしむことができるように、杖にすがってよたよたと歩行訓練に汗を流している。

＊ゴリウォーグのケークウォーク（Golliwog's cake-walk）ドビュッシー作曲のクラシックピアノ曲。「子供の領分」の第六曲。

花に遅速あり

私の一番若い叔母が亡くなった。若いといっても八十四歳だから、年齢に不足はない。でも十五歳年下の私にとっては、叔母というより姉のような存在だった。

長男であった父の七人兄妹の末っ子だったので、私の叔父、叔母という関係では、最後の生き残りだった。多少の狂いはあったが、みんな順序正しく死んでいった。それももう終わりである。

この叔母には、私は格別の思いがあった。私はわけあって祖父母に育てられたが、未婚の叔母が、私が九歳になるまで母親代わりをしてくれた。戦争が始まって食糧難の時代を、身を寄せ合って暮らした思い出がある。晩年は骨粗鬆症で背骨が曲がり、死ぬ間際には背骨の圧迫や胸骨の複雑骨折のため呼吸困難で苦しんだ。焼いた骨は抜け殻のように軽かったという。私は食糧乏しかったころを思い出して、胸が痛んだ。

叔母は幼い私を残して、茨城県の旧制女学校教師のところへ嫁いだ。突然居なくなって、遠くの町で別の人と幸福そうに暮らしていた叔母を、私は理由もわからず恨めしく思った。

やがて戦争が終わり、私はまた懐かしい叔母と一緒に暮らすことになった。私の生まれた北関東の町には旧制中学校がなかったので、県立中学のある町にいた叔母のところに下宿することになったのだ。連れ合いは結核を患い、英語教師を辞めてはいたが、田舎にはまれなインテリであったことも、まだ幼いのに私が下宿暮らしを選んだ理由だった。

叔母は、病身の叔父を助けてよく働いた。私は叔母やその娘らと、戦後の食糧事情の悪い混乱期を生きた。当時は田舎といっても米は手に入らず、叔母の着物も箪笥から消えていった。中学一年の私は、実家からお米を担いで、下宿していた叔母の家まで列車で運んだ。途中で闇米の手入れがあって、夜の線路の間を逃げ惑ったこともある。

どうにか食いつないで中学に行っていたが、その中学も、翌年には学制改革によってなくなった。私たちは新制高校の、付設中学校の二年生になった。

そのころは、同級生に東京から疎開していた少年たちが大勢いた。都会の少年と田舎の少年が同じ学級で学び、『チャタレイ夫人の恋人』を回し読みしたり、SPのクラシックレコードを聴いたりして自由に育った。戦後は急速に過ぎていった。

それまでの少年が、暗い戦争の影を引きずっていたのに比べ、私たちはそれをいち早く脱ぎ捨てて、少年らしい少年として生きることを始めたと思う。学校には予科練帰りとか、士官学校くずれと呼ばれた、少年というより青年が、暗い目つきでうろついていたころだ。私たちは戦争の影などない、正真正銘の「戦後初めての少年」だったと思う。ちなみに私は昭和九年生まれである。

叔母は最後の大和撫子（なでしこ）のように健気だった。戦後の苦難の中を泣き言ひとついわず生き抜いた。病身の夫に仕え、子供を育て、家業となったフィルムの現像の仕事で暗室に入りきりだった。私は叔母の死に、少年時代の思い出を重ね合わせて思いに耽（ふけ）った。あの世代は、もう誰もいなくなった。

＊

次の世代はまだまだと思っていたのに、この五月には、妹の連れ合いの、若い医者が急死した。同じ中学の、新制高校になってからの卒業生だから私の後輩である。

六十を過ぎたばかりだった。糖尿病をわずらってはいたが、医師としては働き盛りだった。学校では柔道の選手だったから、体には自信があったのだろう。私が一昨年脳梗塞の発作で倒れたときも、「お兄さん、若いのにかわいそう」としきりに言っていたという。

それが突然の肺癌で、あっという間に広がり他界してしまった。歳の順なら私が先のはずだが、順番が狂った。

そういう私の方は、脳梗塞で死地を彷徨（さまよ）った末に生き延びてしまった。右半身の完全な運動麻痺のほかに声まで失って、それでも生きている。人の生き死には分からないものだ。

＊

今年は梅雨が長かったせいか、今住んでいるマンションの窓から見える槐（えんじゅ）の大木が、花をつけるのが遅かった。もともと地味で目立たない薄黄色の花が、密集して枝の先に咲くので、新芽かと見まがうのだけれど、曇天の下で風に翻っているのは夏の風物詩である。

去年は六月のうちに咲き始めたが、今年は七月が半ば過ぎても咲く気配がなかった。叔母の訃報で沈みがちな窓辺に、不審には思っていたが、葬式が終わって帰ってくると一斉に花が開いていた。風で花房がしなって、花が黄色い雨のように降ってくる。

今年も遅いけどやはり咲いたのだ。蕾(つぼみ)が黄緑なので目立たなかったので、気づかなかっただけだった。そう思うと、「花に遅速(ちそく)あり」という言葉が、ふと思い出された。もともとは春の花が、日当りの良し悪しにより開花の時期に遅速があることを意味したものだと思うが、槐の花がその年の陽気によって遅速あるのも同じことである。

でもいくら遅くても必ず咲くものは咲く。多少の誤差があるだけだ。叔母が死んだのも、義理の弟が早世したのも、花の遅速に異ならない。私は槐の花に、人間の一生を重ね合わせて、しばらく感慨に耽った。

理想の死に方

白洲正子さんは死を予感して、ご自分で電話して救急車を呼んだ。待っている間に、お好きなものを食べた。入院して間もなく昏睡状態となり、旬日（じゅんじつ）を経ず他界した。

その一週間ほど前、一献（いっこん）差し上げたいからといささか急なお招きがかかった。いぶかりながらも、鶴川のお宅に伺ったところ、白洲さんは二階で床に着いていた。そのとき白洲さんが、月の光のようにキラキラとした顔をしておられたのを、今でも思い出す。

その夜、白洲さんは酒宴には加わらなかった。私たちはスッポンの饗応にしたたかに酔って、夜遅く帰宅した。

後で、それは白洲さんのお別れの儀式だったと知った。私はそんなこととは露知らず、最後のご挨拶もし損ねたことを悔やんだ。ただあの妙にキラキラした面差しだけが、いっそう印象深く思い出される。

それから一週間後に入院され、亡くなったのだ。私はいろいろな人の死に出会ったが、これなどは理想的な死に方だと思う。お葬式も戒名もなかった。後で、古代布で包まれた、遺骨に対面したが、お年のわりにずっしりとした重さに、「韋駄天お正」と青山二郎が呼んだ、歩き続けの一生が偲ばれた。

こんな死に方をしたいと心に決めてきたが、私のほうはそうはいかなくなった。二〇〇一年、私は旅先で脳梗塞に襲われ、死地をさまよった末生き返り、重度の右半身の麻痺と摂食、言語障害の後遺症をもつ身となった。まだ一言もしゃべれない。自死も考えたが、助かったからには生きなければならぬと思った。

こうして不自由な体を抱えて私は生き延びている。嚥下障害の苦しみは筆舌につくせない。右麻痺だけでもつらいのに、毎食後必ずやって来る咳と痰の苦しみは筆舌に尽くし難い。毎日肺炎の危険と戦っているのだ。苦しくても叫ぶことも出来ないし、訴えることも出来ない。まして電話で救急車を呼ぶなんてことなどできない相談だ。寝るにも起きるにも介護の手を借りなければならない。私は理想の死に方さえ奪われてしまったのだ。

さてと、考えてしまう。死線をさまよって生き返った身だ。死はもう怖くない。発作直後は、苦しさのために死ぬことばかり考えていた。今でも死を思わぬ日はない。でもこんな体では理想の死に方といわれても、答えに窮する。出来ることが、あまりに限られているからだ。

私は麻痺を除けば、体は頑健だ。うまく死ねそうにない。阿鼻叫喚（あびきょうかん）の最後くらい覚悟している。でもこれまでの苦しさに比べれば、どんな苦痛にも耐える自信はある。私のような重度の障害者は、日常が苦痛の連続である。声を失った今は、叫ぶことさえできない。

そしてシジフォス*のように、果てのないリハビリの訓練の毎日である。嚥下障害は、どんなに空腹でも物が食べられない。水も飲めない。タンタロス**の苦しみでもある。

幸い考える力だけは残された。それを使って死に方を考えるほかはない。

そこで、少し体を痛めつけるくらい仕事をしている。一日五、六時間はキーボードに向かう。左手だけしか使えないから、両手を使える人の十倍も時間はかかるし、疲れもする。それにリハビリの訓練が加わる。車椅子に座っているだけで消耗するから、リハビリのあった日はベッドに入るとすぐ眠りに落ちる。

どうやら、私は知らないうちに答えを見つけていたようだ。それは平凡だが「歩キ続ケテ果テニ熄ム」というようなことらしい。私は物理的には歩けないが、気持ちは歩き続けている。白洲さんも西行も、結局同じところに理想の死を見つけたのではないか。体は利かないがこれならできる。もう少しだ、と思って、私はリハビリの杖を握り、パソコンのキーボードに向かう。そして明日死んでもいいと思っている。

*シジフォス　ギリシア神話の中の人物。ゼウスにより、地獄に落とされ、大岩を山頂へ運ぶ罰を受けた。大岩はあと少しで必ず転げ落ちたという。

**タンタロス　ギリシア神話の中の人物。ゼウスの子。神の怒りにふれ、地獄で永久の飢渇に耐え忍ぶ罰を与えられたという。

患者から見たリハビリテーション医学の理念

初めに断っておくが、私はリハビリテーション（リハビリ）科の医師でもなければ、専門の療法士でもない。基礎医学の研究者として、長年医学教育の場で働いてきたが、五年前に脳血管障害による片麻痺になり、それ以来リハビリに励んでいる患者である。その間にリハビリ専門病院を含む、五つの病院にお世話になった。これは五年間のお付き合いで、私が実感したリハビリ医療に関する私見である。

私がリハビリ医学の理念に関心を持ったのは、政府によって本年四月に実施された診療報酬改定で、リハビリ医療が日数で制限されるという、いわゆる「リハビリ打ち切り問題」に、患者として深く関わったからである。

この問題を通して、リハビリ医療はひとつの社会問題となった。不思議なことに、リハビリ医学会からは、無責任にも何の反応もないので、患者として発言することをお許しいただきたい。専門家が黙っているのなら、広い意味で医学に携わった同業者である私も、発言する権利がある。今回の改定は、患者を苦しめるだけでなく、リハビリ医学に対する冒瀆でもあるからだ。

私は、実際に厚労省のやり方に反対して、言論活動や署名運動を続けてきた。患者としてのみならず、医学研究者として、この不正義に黙っているわけにはいかないのである。

私は、いつの間にかリハビリ問題の専門家のようになり、いくつもの論考を、新聞や雑誌に発表した。大きな反響が寄せられた。それを通して、リハビリ医療の理念と現実に、改めて目を見開かせられた。多くの新しいことを学んだ。ここに考察したのは、あくまで患者の立場から見た、リハビリ医療の問題点である。

理念と実際

リハビリテーションはRe（もう一度）habilis（適する、快適に住まう）というラテン語から来ている。文字通り、人間に適した生活を取り戻すことを意味する。中世のヨーロッパでは法王庁から破門された人間が、再び破門を解かれて、キリスト教徒として復権すること（全人的復権）を指した。

医学用語となっても、リハビリは単なる機能回復訓練のみであってはいけない。障害を持った個人の、人間としてふさわしい生き方を回復すること、すなわち社会復帰を含めた、人間の尊厳の回復が目的である。全人的復権というのはこの意味で正しい。

リハビリ打ち切りを黙認した、厚生労働省の無責任な御用団体、「高齢者リハビリテーション研究会」の文書の「はじめに」にも、「リハビリテーションは、単なる機能回復訓練ではなく、心身に障害を持つ人々の全人間的復権を理念として、潜在する能力を最大限に発揮させ、日常生活の活動を高め、家庭や社会への参加を可能にし、その自立を促すものである。したがって、介護を要する状態となった高齢者が、全人間的に復権し、新しい生活を支えることは、リハビリテーションの本来の理念である」とある。厚生労働省が、今度の改定で参考にしたという、「高齢者リハビリテーション研究会」の公式文書である。打ち切りを黙認してしまった現実と、何とかけ離れた主張を、ぬけぬけと書いているものである。

理念は理念として、実際には障害を持った患者の機能回復訓練が、現在のリハビリ医療の中心となっていることは否めない。欠損した身体の代償法、麻痺などで動かなくなった身体機能の改善、障害の二次的拡大の予防、残存機能の維持保全、生活への適応など、患者にとって必要な医療を施す専門科である。

生体の欠陥部分を再生させる「再生医学」は、まだ視野に入ってはいないし、また欠損機能を代替する、ロボット工学も、実用化には程遠い。

失った機能はどんなことをしても、もとどおりになるわけではない。残存機能を強化維持し、いかにして生活環境に適応させるかが重要なミッションとなる。その点で、心身に障害を抱えた患者の、クオリティ・オブ・ライフ（ＱＯＬ）を上げることを目的とした医療といえるのではないだろうか。その目的のテクノロジー（器具を含む）を開発し、それを個々の患者の病態に適用させるのが治療の大部分を占める。

リハビリ科の医師は、大別して整形外科のバックを持ったものと、脳神経系医学のバックを持ったものがいる。初めからリハビリ専門家というのは、もっぱら四十歳以下の若い医師である。

日本のリハビリの歴史は、戦後から始まったといって大きな間違いにはならないだろう。その前は、整形外科や物理療法内科の電気治療や温泉療法的なものがあっただけである。

私が医学生だった昭和三十年代には、リハビリの講義すらなかった。それが今では、なくてはならない診療科に発展している。東大では、現在診療サービス部門として、リハビリテーション部が設けられているが、内科や外科のように、独立した講座や教室があるわけではない。

こうした事情から、医師の出身の違いによって、特徴が出ると思われる。整形外科の出身者は、運動器など末梢の障害の専門的医療に力点を置くが、脳神経系の出身の医師は、麻痺などの原因となった神経系の問題に、より関心を持つ傾向がある。その二つが融合してリハビリ科を作り上げている。

個別性と多様性の医学

リハビリ医療のひとつの特徴は、治療の対象となる障害、それを持つ患者の多様性、個別性が大きいことである。ある患者は、整形的対処が適当だし、別の患者では脳神経系の知識が必須である。症状の多くはその両方である。

個別性はほかにもある。患者によっては、マニュアル通りに訓練すればよくなるものもいるが、多くの患者では、オーダーメイド的治療の処方が必要となる。訓練も一人ひとりの個別性を無視することはできない。

個別性とは、まず症状の多様性である。理学療法士は、基本的には医師の処方に従って訓練や指導を行うが、知らず知らずに患者の持つ個別の症状に合わせた訓練、いわばオーダーメイドの訓練にならざるを得ない。

さらに複雑にする要素は、末梢の障害の部位が異なるという個別性ばかりでなく、対応する中枢神経の支配の多様性によって、異なった対処が必要になることである。脳神経の損傷による障害では、病変が起こった脳の部位によって、当然末梢の障害の部位、程度、性質が異なる。身体の障害部位の多様性を考えるほかに、支配している脳神経の障害の多様性を考えなければならない。病態や治療を決定する二重の個別性である。たとえ同じ右麻痺と診断されても、脳の病変部位や広がりのちょっとした違いによって、失語症や失認症を伴うものと、そうでないものがあり、当然、大きく対応は異なるはずだ。

同じように見える麻痺でも、患者によって筋緊張の高いのも低いのもある。患者は性質の異なった苦しみを持つ。誰ひとりとして、同じ症状の患者はいない。対応は一人ひとり異なる。

脊髄損傷で、損傷の部位によって障害が異なるのは当然のことだが、加えて、性別、年齢、生活環境その他、外的、内的要因で対応を変えねばならない。さらに精神的、心理的面の違いによって、異なったケアーもしなければならない。一人ひとりがこのように違う病態と愁訴に対して、異なったリハビリ処方が要請されるのである。

厚労省は「専門家の意見を聞いて改定を行った」というが、どんな専門家に意見を聞いたのであろうか。一律に、日数で打ち切るなど、乱暴で非科学的なことを言う専門リハビリ医の顔が見たいものである。そんなリハビリの専門家がいたら、不見識と非難されるほかあるまい。

Narrative-based medicine

このように、患者の個別性を対象にするリハビリ医療は、近代医学が金科玉条としてきた普遍性を追求する科学は通用しない。だからマニュアル的医療では済まないのだ。最近流行の evidence-based medicine（EBM）（数値的根拠に基づいた医療）の概念も、ここではあまりそぐわない。個別的、全人的医療を施しているという自覚がなくてはできない医療なのだ。そういう意味で、リハビリ医療は narrative-based medicine（NBM）（愁訴に基づいた個別性の医療）の典型である。

といって、リハビリの専門医でもない私が、リハビリ医療を前近代的と貶めるつもりは毛頭ない。逆に、リハビリ医療こそ、数値だけの冷たい医療ではなく、個別性を大事にする暖かい、全人的、本来の医療であることを強調したいのだ。

癌や難病などで、最近盛んに言われている、遺伝子に基づくオーダーメイド医療の概念のさきがけになるといっているのだ。遺伝子的多様性（genetic polymorphism）でなく、後形質的多様性（post-phenotypic polymorphism）を対象にしたオーダーメイド医療なのだ。近代医療が忘れてきた、一人ひとりの患者に、いやでも全人的に対応せざるを得ない医療だから、かえってポストモダーンの問題を先取りしていたのである。

医師と療法士

こうした患者の多様な病態に関する知識は、医師はもとより、直接に患者を指導する理学療法士などパラメディカルの人たちの体に、経験を通して脈々と受け継がれている。これは彼らが、経験的に一人ひとりの患者を先生として発見した知識の集積なのである。

麻痺の苦しみは、なったものでないとわからない。どこがどう苦しいのか、どうしてもらいたいか、文献を読んでもある程度しかわからないのだ。医師や療法士が知識として知っているのは、リハビリ医学の教科書に書いてあることと、経験から自ら学んだことである。教科書の記載は、複雑な個々の病態には、あまり役に立たない。経験に学ぶことが、リハビリ科の療法士には特に求められている。

その証拠に、私は何人かの言語聴覚士の指導を受けたが、一人ひとり指導の仕方が全く異なっていた。教科書の知識の上に、患者から学んだ個々の経験の積み重ねがあったのだ。

それは医師にもいえる。リハビリ医療には、科学的に進歩しているとはいえない領域もある。嚥下のリハビリなど、何ひとつとして近代科学的に応用できるテクノロジーはない。私はリハビリ医学会の特別発言を求められたとき、「嚥下リハビリは石器時代ですね」と言った。言語リハビリに使う、リフトという、軟口蓋を押し上げる装具があるが、中世の拷問器具に異ならない。まだまだ一人ひとりの患者の病態に学びながら、研究改善しなければならないことが多いのだ。医師もそれを認識して、謙虚にならなければならない。訓練室で、患者の訓練の様子を見ていない医師は、ほぼ信頼するに足りない。

一方、経験ある理学療法士には、実に勝れた洞察能力が備わり、患者の苦しみを軽減する方法を探してくれる。マニュアルどおりのことではすまない場面に毎日当面しているから、そんな洞察力がつくのだ。個人のレベルの違いは、こうして生まれる。

ところが、そんな能力を持つ医師のほうが少ない。知識だけではわからないことに対処するのだ。医師は、実際の患者の訓練をもっと見守る必要がある。よく観察すれば、独創的なアイデアが生まれるはずである。

患者がある症状を呈するとき、どの筋肉を強化するべきか、どうすれば苦痛を軽減して、力を入れることが出来るようになるか、どんなストレッチをすれば苦痛が和らぐのか。総論的知識は必要だが、理学療法士は患者から学んだ知識で行う。

私の場合は重度の右麻痺で、大腿四頭筋などは、まったく自発的には動かないが、大腰筋と腸腰筋は少しだけだが動く。これを強化して歩く訓練をしてくれているらしい。私は幸運にも、そういう能力を身につけた理学療法士に出会い、心から尊敬するようになった。それが実力の違いになる。

こういうことは数値では表せないし、計測の方法もない。残存筋予備能力（フィジカル・アヴェイラビリティ）を計測し、応用する研究も必要だ。

日常生活も、作業療法士抜きには回復し得ない。言語療法士は、構音の複雑な生理学を理解し、口のきけない人や失語症の患者をしゃべれるようにする。言葉の意味がわからない失語症患者には、絵画や習字を習わせながら、人間復帰させる。単調な訓練をいやな顔ひとつせず、長期にわたって献身的に続けてくれるおかげである。それも、一人ひとり原因も症状も違った患者に対応して、療法士が自ら発見したやり方を持っているからできるのである。尊敬のほかはない。

しかし、こういう使命感を持った療法士の数は、年々減っているという。今回のように医療制度が変わって、人員削減や、資格の認定基準などが変われば、実力を持った療法士が誇りを持ってやっていくことができなくなる。無用の事務処理に時間をとられて、本来の業務をこなせなくなっていることにも責任がある。

個々の療法士のレベルには大きな差ができる。介護保険で、代替の人員を安易に認めれば、リハビリの質の低下は免れない。簡単に養成できるものではないのだ。資格をゆるくするのはリハビリ医療を危険に陥れる。やる気のある療法士の卵が、いい環境で、多様な経験を積むことが、勝れた療法士を育てるために絶対必要なのだ。

リハビリ科は、医師や療法士にとって、今でも毎日が発見と学習の場である。研鑽の対象は、患者一人ひとりの体と残存能力である。そんな魅力的な医学領域は、もうそう多くない。好奇心に富んだ若者が、生きがいを持って参加する絶好の領域であろう。それは、五年余り患者として何人もの療法士と付き合った経験から、はっきりといえる。

そんなリハビリ医療が、いま崩壊しようとしているのだ。元凶は、今回の診療報酬改定である。それにより、一方では人員削減が起こり、技術の伝承ができなくなる。他方では一人当たりが担当する患者数が増え、技術を維持するための研修の時間がなくなる。こうしてリハビリの質が低下するのだ。療法士の技術を不当に貶める、介護保険の代替治療者をはびこらせることにもなる。国家試験でレベルを維持してきた療法士以外に、この難しい仕事を肩代わりさせようとする動きがもう出ている。リハビリ医学会も療法士協会も、こうした問題の所在の自覚がないと、自ら自分の首を絞めることになる。そして、今回の診療報酬の大改悪に手を貸してしまうことになるだろう。今回の改定では、生きがいと誇りを持てる仕事が、官僚によって汚されたのだ。いまこそ声を上げて欲しい。

私は自分が障害を負ってから、リハビリ医療が真の科学であることを認識し、弟子の一人を送り込んだくらいである。治療の対象の個別性を極め、その上で普遍的な法則を見つける。科学者なら一度は挑戦したい領域ではないか

諦めと受容、そして適応

ある種の障害は、努力すれば無限に改善してゆくものではない。治るものは三日でも改善するが、どんなにリハビリを強化しても、治らぬものは治らない。脊髄損傷や脳血管障害による麻痺は、現在の医学ではどうしようもない。ポリオや難病による障害も完治するわけではない。そういう患者にも、リハビリ医療は対応し、希望を与え続けなければならない。リハビリ医療のもうひとつの側面には、諦めと受容、さらに適応という特殊な面が現われる。

初めから治らない患者にも、最後の命綱としての医療を施さねばならない。その精神的重圧は、死を看取るホスピスの医師に匹敵するだろう。静かに運命を受け入れ、患者に治ることのない障害を受容させることも、リハビリ医に課せられた重要なミッションである。

そのときできることが、初めに述べたとおり re-habilis である。いかにして障害を最小限にとどめ、社会に適応して積極的に生きる道を見出すか。完治するところまではいかなくても、機能訓練で社会復帰を目指す。体の代償能力を最大に発揮させ、苦しみを軽減させ、生活に適応させ、いかにして尊厳ある人間を回復させるか、そこにこそリハビリ医療の真骨頂がある。

そのためには、回復できない障害を持った患者の、残存した機能を維持させ、それ以上機能低下が起こらないようにすることが、大切なリハビリ医療になる。いわゆる維持的療法である。

リハビリ医療のミッション

リハビリ医療の特殊性を無視したのが、今度の厚労省の診療報酬改定によるリハビリの日数上限の設定である。リハビリを必要とするあらゆるカテゴリーの患者に、いま述べたミッションを施すのが専門家としての役割である。

この改定でリハビリを打ち切られた後、徐々に機能が低下し、寝たきりになってしまう人々がいる。しかし厚労省のアドバイザーとなった「専門家」と「学会」は、患者を救おうとしていない。

犠牲者の第一号になったのが、不幸にも社会学者の鶴見和子さんであった。例にあげるのも痛ましくてはばかられるが、一一年前〔注＝一九九五年〕に脳出血で倒れられてからも、リハビリによって、自立して精力的に文筆活動をしていたが、今年になってリハビリ打ち切りが宣告された。回数が減らされた後、間もなく起き上がれなくなり、七月三十日〔注＝二〇〇六年〕に亡くなった。その前に彼女が詠んだ歌に、

政人（まつりごとびと）いざ事問わん老人（おいびと）われ生きぬく道のありやなしやと
ねたきりの予兆なるかなベッドより
おきあがることのできずなりたり

直接の死因は癌であっても、リハビリ打ち切りが死を早めたのは確かである。小泉さんがこの碩学を殺したと、私は思っている。病床で書いた「老人リハビリテーションの意味」というエッセイには、維持期のリハビリがどんなに生きるために必要かが、切々と語られている。そして、今回の改定は、老人に対する死刑宣告だと、いつになく激しい語調で糾弾している（藤原書店、『環』二六号）。リハビリの「専門家」といわれた人はこの文を読んで欲しい。あなたの専門家意識が打ち砕かれることだろう。

もうこれ以上語るまでもあるまい。このような老人を救うミッションが、リハビリ医療には厳然としてあるはずである。またそれを忘れた専門家意識が、鶴見さんの死を早めたことを糾弾されるであ

ろう。

リハビリを機械的に日数で打ち切るという乱暴な政策には、断固として反対するのが、専門家の職業倫理として当然であろう。上に述べた理念からも、許せないとは思わないだろうか。治療現場では、リハビリを絶対に必要としている患者がいることくらいよくわかっているはずだ。犠牲者の声も上がっている。

政府には、社会のセーフティネットから落ちこぼれた医療難民を作り出した責任がある。それを「専門家」の意見を聞いて策定したといって逃げている。診療報酬改定の責任は、アドヴァイスした一部のリハビリ医も追及されるべきである。それで恥ずかしくないのかと問いたい。リハビリ医学会は、たとえ一部の人の判断だったとしても、自分で書いたリハビリ医療の理念から逸脱した改定を許してしまったことを、謙虚に反省しなければならぬ。

再び言う。リハビリ科の医師には、苦しんで死に瀕している患者がいればそれを救うという、「専門家」としてのミッションがある。リハビリ医学会は、それを自ら放棄してしまったのだ。他の医学会や医師会の批判の目に気づかないのだろうか。自分たちの使命を最終的に護るのは、職業団体としての学会の務めである。今回の制度改定に対して、関連学会、協会は、全く態度を鮮明にしていない。むしろ厚労省に加担しているかに見える。これを直視し、謙虚に反省しなければ、学会員の信頼は得られまい。またほかの学会からも軽蔑されることだろう。

問題が起こったときに、真っ先に声を上げるのは、関連学会の務めである。それを怠ると、必ず内部に亀裂ができる。このような社会問題と化した中での沈黙は、基礎医学の学会運営を長年やってきたものには、到底考えられぬことだ。私は患者としてばかりでなく、同じ医学の研究に携わるものとして、今後も追求を止めることはない。

生命と科学と美——理科が嫌いな中学生の君へ

一　星へのあこがれ

星を見るのが好きな少年がいた。夜になると物干し台に上がって星を眺めた。夜空に広がる星空。あれがカシオペア、あれがオリオン。いつの間にか、主だった星座の名前を覚えた。よく晴れた秋の夜など、星の彼方に乳白色の銀河が見えた。昔の人は「天の川」といったそうだが、あれは何億個もの星の集まりだそうだ。われわれが住んでいるこの地球も、月も、そして太陽も、太陽系の銀河に漂う星の一つらしい。

人間が死ぬと星になるといった人がいる。大好きだった祖父はどの星になったんだろう。この星が浮かぶ宇宙に比べたら、本当に人間なんてちっぽけなものだ。そんなことを考えている自分という少年は一体何者なのだ。

それにしても、宇宙ってどのくらい大きいんだろうか。どんどんどんどん宇宙を飛んで行ったら、宇宙の涯まで行きつけるのだろうか。そうしてその涯の向こうには何があるんだろうか。宇宙はいつ始まったのか。そしていつまでも続くのだろうか。宇宙には終りはないのだろうか。

でも人間は必ず死ぬらしい。自分だっていつかは年をとって死ぬ。自分が死んだあとも、この宇宙はずっと続く。自分が死んでから何万年たっても、空には同じ星がまたたいている。

それが、少年が初めて永遠という考えに出会った時だった。少年はぞっとした。自分は死ぬ。死んだあとは何もなくなる。永遠に――。

少年の背すじを何か冷たいザラザラしたものがなでていった。その時少年は初めて人生というものに目覚めたのだ。

あの美しい星空。そこには人間が抵抗することができない永遠の何ものかがある。それに対して、人間は有限で必ず死ぬ。この自分だって――。

ベッドの中で少年はもだえた。「死ぬって何?」だんだん年をとって、最後には棺桶の中で冷たくなっている。やがて腐って骨だけになる。あるいは火葬場で焼かれている自分を想像する。「死ぬんだ。死ぬんだ」。それなのに自分がいなくなっても夜空の星はまたたいている。

少年は、そうして死ぬべき存在としての自分を発見するのだ。少年の腕や肩にはようやく、生きている証拠の張りのある筋肉が育ち始めているというのに。

少年はやがて、夜空に見た銀河の宇宙が百五十億年も昔にビッグバンという大爆発で生じ、いまもなお膨張しつづけていることを知る。太陽系の宇宙だけでも一千億個もの惑星があり、宇宙にはこうした銀河が無数に存在していることを学ぶようになる。高校、大学と進むうちに、彼は少年の時眺めた星たちが、宇宙の原理に従って存在していることに改めて驚く。

そこには人間まで含めた果てしない世界が広がり、そこに働く法則を、この有限の人間が一つひとつ発見しつつあることを知るのである。

そういう少年が、やがて科学者になるとは限らない。中には本当に物理学や数学を学んで、未知の無限の世界に挑戦したり、天文学や宇宙物理学の研究に一生を捧げるようになる人もいるかも知れない。その科学者が、いつかは世界を驚かすような大発見に立ち会うかも知れない。そうして彼らは、物質の世界に、この世で最も美しい法則を見出すかも知れないのだ。そんなことができるのは、少年のころ星を眺めて、その美しさと恐ろしさに息をのんだ経験があったからだ。それがなかったら、まずそういう機会にはめぐり合えなかったろう。

しかし大部分の星が好きだった少年はそうでない道を選ぶ。プロの科学者になるのはごくごくひと握りだけだ。高校や大学を卒業し、やがてごくふつうの職業を選び、公務員になったり、事務や営業や技術などの仕事につくようになる。

でも、星を見ることによって人生に目覚めた人は、どんな職業についていても、無限の宇宙の中に生きている一人の人間として輝き続けるのではないだろうか。満天の星の夜空に、一つの小さな星がきらめくように、自分をきらめかせるであろう。それは宇宙との関係で自分を眺めたことがない人の人生とは、きっと違うだろう。

二　生きものとの出会い

少年のころ、私は生きものが大好きだった。

田んぼでおたまじゃくしを採ってきて掌にのせると、キョロキョロ、キョロキョロと動いた。目玉だって二つある。ふしぎだった。

とうとう手の中に入れたまま学校に行って、授業を受けた。時々手を開いて確かめると、まだキョロキョロと動いていた。安心した。

でも一時間目の授業が終るころ、おたまじゃくしは死んだ。さっきまで動いていたのが、もう動かない。

死んでしまうと、何だか汚いものに見えた。花壇の裏の方に捨てた。何だか悪いことをしたようで悲しかった。生きものって死ぬんだ。死ぬと、あんなに美しかったのに汚くなる。自分が水のない手の中に握っていたからだ。

それは、生命という美しいものが、死ぬと失われることを、初めて知った日だった。そういうときは、心が暗くなる。

おたまじゃくしが生まれるところを観察したこともあった。五月ごろ日だまりの田んぼの畔で、水草の間にニョロニョロした蛙の卵を見つけた。透明なゼリーのような玉の中に、黒い丸っこいものが入っていた。別のところで見つけた卵の中では、黒っぽいものがピクリピクリと動いていた。それがやがて孵って小さい小さいおたまじゃくしになるのだ。草の陰の静かな水を、そんなおたまじゃくしが頭をそろえて泳いでいるのを見て胸がドキドキした。あのゼリーのような卵からあんなものが生まれたのだ。

茨城県の田舎の中学校に入ったころ、私は木村信之先生という生物の先生に出会った。先生は、ライオンというあだ名で、髪をもじゃもじゃにしていた。ちょっとこわい先生だった。

木村先生は、生物の授業のとき、生徒たちをよく野原に連れ出した。雑草の名前を教えて野や山で生き物たちのふしぎに出会ったことがきっかけだったと思う。その後高校生のころ、理科の教科書で、シュペーマンというドイツの発生生物学者が、イモリの胚を髪の毛でしばって、体がくっついたままの双子のイモリを発生させた実験のことを読んで、その晩は、双子のイモリが眼に浮かんで胸がドキドキして眠れなかった。それほど自分を興奮させた実験が、いまでは遺伝子や分子の働きでみごとに説明されているのである。

たった一個の受精卵が、二つ、四つと分裂を重ねているうちに、頭ができ尾ができ、手足やすべての内臓を備えた一匹のイモリが生まれる。そのメカニズムがいま遺伝子の研究から明らかにされている。人間だって、受精卵という一つの細胞から生まれる。こんな仕組みを作ったのは誰だろうか。神様だろうか。

現在の生物学は、こんな神秘的な発生のプロセスまで説き明かしているのである。生物の形も細胞の働きも、遺伝子、つまりＤＮＡの情報として核の中に書き込まれている。その情報が細胞が分裂するたびに複製され、一部の情報が少しずつ現われて、さまざまな細胞が作り出される。それが複雑な体の構造を作り、やがては赤ちゃんの姿になって母親から生まれてくる。三十億年以上もかかって、生命が作り出した芸術作品である。そんなことがどうして可能だったのかを、いま生命科学は読み解いているのである。

三　美と自然

たとえばアゲハチョウが蛹から羽化するのを見たことがあるだろうか。黒っぽい蛹の皮を破って何だか気味の悪いものが顔を出す。黒い二つの目、触覚が現われ、脚が出てくる。そして徐々に体が現われる。何という醜さだろうか。押しつぶされたようで翅（はね）もない。じっといままで入っていた殻にしがみついて、ひそかに息づいているようだ。じっとじっと待っている。

そのうちにくしゃくしゃに折りたたまれていた翅が少しずつ伸びてくる。しわくちゃな翅に葉脈のようなものが見え、そこに生命が流れ始める。みるみるうちに翅が広がってゆく。たたんだままの翅の中には斑の紋が見え、黄色が鮮やかに染まり、周囲が黒さを増す。しばしの間に、翅がピンと張った蝶の姿に変わる。しばらくじっと息を整えていた蝶は、脚をもぞもぞと動かし始め、二、三度ゆっくりとはばたいたかと思うと、ひらひらと翅を広げて飛んでいった。美しい蝶となって——。それは感動的な経験であった。

私は同じ感動を、ずっとあとで、医学部の学生になってからもう一度経験した。医学部の三年生ぐらいになると、学生は必ずお産の現場に立ち会わされる。

午後も遅くなって、私は大学病院の分娩室に呼び出された。いよいよお産のスタートである。陣痛が始まって、まだ若いお母さんは苦しんでいた。なかなかの難産だった。私はこんな苦しみをする母親ってなんて可哀相なものかと同情した。胎児を囲んでいた羊水があふれ出し、赤ちゃんの頭がのぞいた。血まみれになった赤ちゃんが頭から現われた。首に臍の緒が巻きついている。血と黄色い脂肪に覆われてぐにゃぐにゃの赤ちゃんが出て来た。首に巻きついた臍の緒のためか、仮死状態になっている。看護婦さんがそれを取り上げ、医師が臍の緒をしばって切り離した。そして足を持ってぶらさげ背中をたたいた。赤ちゃんは口から液体を吐き出し、弱々しい声でオギャーと泣いた。

看護婦が赤ちゃんの体を、手早くきれいにし、タオルの上に横たえた。紫色の気味の悪い肉の塊(かたまり)は無意味に手足を動かしていた。泣こうとしているらしいが声が出なかった。

私は、赤ちゃんって、何と醜いものだろうかと思った。それにお産も醜悪で嫌だった。私は、産婦人科の医者には絶対になるまいと思った。

数時間後、私は病室にさっきの母親を見舞った。母親の隣りには赤ちゃんが寝かされていた。その赤ちゃんを見て、私はびっくりして目をみはった。さっきあんなに醜い紫色の肉の塊、しわくちゃで老人のようだったあの赤ちゃんが、いまはつやつやとした血色のいい皮膚を持った「みどり児」に変身していたのだ。たった数時間の間に、老人のような姿から、若さにあふれた幼児に変わって、母親の胸から勢いよくおっぱいを吸っていた。なんという美しい感動的な姿だろうか。その時私は、子供のころ見たアゲハチョウの羽化のことを思い出した。

美しいものは醜いものと隣り合わせにあった。美しいものを生み出すためには醜い時間を経なければならなかった。そして美しいものは醜いものを包含していたのだ。

もうひとつ思ったのは、老いと若さということである。たとえば赤ちゃんは、生まれたときは皺だらけの老人のような顔をしている。それがたった二〜三時間の間に若さの極限のようなみどり児に変身していた。そして今度は、長い長い時間をたどって老いに向かって歩んで行くのだ。

蝶の羽化もそうである。硬く醜い蛹から、くしゃくしゃの押しつぶされたような姿で羽化するが、それが間もなく美しい若々しい蝶となって飛び立って行く。そして短い蝶の一生を輝かしい日光の中で羽ばたくのである。蝶もまた老いて一生を終え、蟻の餌食になる。

そこには生物の持っている時間というものが凝縮している。私たちは、生物を眺め、自然を知ることによって、私たちに与えられた時間というものを改めて知るのである。

科学というのは、芸術とちがって別に何かを創造するわけではない。一般には、もともと存在していた事実やルールを改めて再発見する仕事である。すでに自然の中に存在していたものを初めて見出し、そこに働いていた原理を知る。そういう発見によって自然は広がってゆくのだ。

アインシュタインによる相対性原理の発見は、私たちが生きているこの宇宙の本当の姿を私たちに教え、そこに生きる人間の存在がどういうものかを改めて理解させた。宇宙も人間もすでに存在していたものに過ぎない。けれども、私たちの限られた感覚では見ることができない部分があった。アインシュタインはそれを見せてくれたのである。

遺伝子情報が書き込まれているDNAの二重らせん構造だって、何十億年も前から存在していたものである。でも、誰もそこに隠されていた秘密のルールを知らなかった。一九五三年に、ワトソンとクリックという二人の科学者がそれを見せてくれた。すると、あらゆる生物がどうして自分と同じ子孫を残すことができるのか、人間がどのようにして原始的生命体から進化してきたのか、そして一つの受精卵からどのようにして人間のような複雑な生命体が生まれるのかというような謎のすべてを解く入り口が開かれた。私たちの遺伝的な性質が、どのようにして子供や孫に伝えられるのか、自分はどうして親に似ているのかといった遺伝のしくみも、次々に明らかにされていったのである。

そういう発見を通して、私たちの自然の世界が広がってゆく。大きさの極限の宇宙から、極小の遺伝子や分子、そして原子や素粒子にいたるまでを、科学の方法によって私たちは知ることができる。まだまだその先が広がっている。そして、そういう知識を人間はどんどん利用して、生活を高めている。

自然のルールは、例外なく美しい。もちろんその美の中には醜さが包み込まれていることは、前に述べた通りだ。

美しいとは、そもそも何だろうか。私は、自然が時間とともに作り出したものこそ美しさの原型なのではないかと思う。あらゆる芸術は、自然を眺めたときの人間の感動から始まる。何十億年もの時間をかけて、私たちの宇宙が作り出され、そこに生き物が生まれ、私たち人間はその究極の産物である。人間の美への欲求は、進化の歴史の中で作り出されたに違いない。

その自然の中に人間は生きている。自然には崩壊してゆくもの、消滅してゆくものも含まれる。生まれくるものと同時に、滅び消滅してゆくものにも人間は美を感じる。たとえば廃墟の美や老人の高貴さ。それも私たちに深い感動を与える。時間が自然の中に作り出したものを発見してゆくことも、人間にとって美であろう。

だから科学と芸術には共通のものがある。いずれも自然や人間を深く観察し、想像力によって新しいものを発見してゆく営みである。発見はさらに自然を広げる。

人工の美というものもあるではないか、というかも知れない。たしかに私たちが住む都会などは、まさに人工の産物の集まりである。その中にも美しい建築や新しいアートが含まれている。

でも、私たちがそこに美を感ずるのは、それらが私たちの自然を拡大しているからだと私は思う。自然の隣りにおかれてもおかしくないときにだけ人間は人工物に美を感じるのだと私は思う。人間が作り出したものが、もともとあった自然を広げ、やがては自然の一部に同化してゆくとき、初めて美が達成されるのではないだろうか。

そういう意味で、いつまでたっても自然に同化されないようなプラスチックのゴミやコンクリートに醜さを感じるのは、私たちの自然な本性だと思う。自然にとって異質なもの、自然を破壊するようなものを排除してゆくことも、人間が美を愛し、自然を大切にする基準だと思う。しかしそういう人工物さえも、何百年、何千年という単位では、いつかは自然に帰ってゆくだろう。自然はそれほどに強い。

いままでの学校教育の中で、理科は芸術や文学、社会などとは全く別の世界を扱う教科として扱われてきた。将来、物理、化学、生物学、医学、工学などを学ぶために理系の大学に進むか、あるいは文学、経済、社会、音楽、美術などを学ぶ、いわゆる文系に進むかなどが、もう中学のころから分けられている現状はよくないと私は思う。

本当に美しいもの、人間的なものを発見し、そこにひそむ美しいルールを発見してゆくためには、理科の勉強はとても大切である。哲学、社会学、心理学など、人間にかかわる学問、さらには美を創造する芸術にたずさわる人たちも、人間がよって立つところの自然、宇宙の法則、そして遺伝子やＤＮＡのことを学ぶことは大切である。

そして何よりも、少年のころ自然にふれ、自然に感動したという体験を持つことが大切だと私は思う。理系とか文系とかは関係ない。そして、理系の学校に入って科学を研究するようになったとしても、その研究の原動力になるのは、少年のころ持った美へのあこがれではないかと思っている。

多田富雄　略年譜（1934-2010）

昭和9（1934）　3月31日、茨城県結城市にて多田進とうめの長男として生まれる。祖父・愛治（開業医）と祖母・ふくに育てられる。

昭和11（1936）　妹・和代誕生。

昭和15（1940）　結城町尋常国民学校入学。学業優秀なるも体育は丙なり。弟・彊平誕生。

昭和18（1943）　末妹・洋子誕生。

昭和20（1945）　末弟・慎吾誕生。

昭和21（1946）　（旧制）茨城県立水海道中学入学。叔母まさこの嫁ぎ先中山勉宅に下宿す。都会から疎開していた友達に刺激を受ける。永井俊作、椎名利、中島嗣夫、川村知也と交流す。ピアノを習う。ライオン先生に植物を学ぶ。

昭和22（1947）　学制改革により県立水海道第一高校となる。

昭和24（1949）　県立結城第二高校に転校。演劇部に入る。詩を書き、新川和江と交流す。夏期講習に上京し、叔父の弟・中山誠の下宿に転がり込む。朝日五流の能楽会。喜多六平太、梅若実の芸に圧倒される。

昭和26（1951）　結城第二高校卒業。文学か医学か迷い早稲田文学部に合格するも本郷二丁目で浪人生活。

昭和28（1953）　千葉大学文理学部に入学、船橋に下宿。授業にはあまり出ず、詩の同人雑誌『ピュルテ』を安藤元雄、江頭淳夫（江藤淳）、手塚久子らと出し、詩・評論を書く。小鼓を疎開していた大倉七左衛門師のもとに通い習う。関、秦、土井と交流す。

昭和30（1955）　千葉大学医学部に進学。松山に大叔父・多田不二を尋ねる。香川紘子氏に会う。

昭和34（1959）　三月卒業。多古中央病院にてインターン。實川モト子さんの兄に主治医として腎不全の治療にあたる。血液透析を試みる。

昭和35(1960) 大学院進学。岡林篤先生の病理教室に入り、ウサギの鼻に卵白を入れる実験をはじめる。日本細菌学会で石坂公成先生に注目し、免疫学を志す。ウサギの血液中の補体測定法を石坂照子先生に習いに予研に通う。

昭和38(1963) 3月、千葉大学大学院研究科修了(病理学専攻)。6月、石坂先生の招きを受け、アメリカ合衆国コロラド大学医学部、およびデンバー小児喘息研究所にリサーチフェローとして留学。新しい免疫グロブリンEの発見に関わる。実験のあいまにダウンタウンで街の人々と交流、親睦を温める。マーガレット、エビ、エバ、ジニー等テクニシャンと交流。下宿のおばさんのお葬式をとりしきる。

昭和41(1966) 千葉大学医学部病理学教室助手。千葉に住む。結婚相手をさがし十数回見合いする。検査技師髙橋英則氏と共同研究免疫教室を設定する。

昭和43(1968) 7月4日独立記念日に東京女子医大卒井坂式江と結婚、千葉寺に住む。9月、デンバー、小児喘研究所に再留学。IgEの細胞を調べる仕事をする。この間、戦争花嫁の千恵子さんやテクニシャンと交流を深める。冨岡玖夫先生が後任にデンバーにこられる。

昭和44(1969) 千葉大病理学教室に戻り、千葉市矢作町に住む。12月4日、長男・久里守誕生。奥村康、谷口克が研究室に入局。豚寄生虫を使って実験をはじめる。

昭和46(1971) 第一回国際免疫学会でサプレッサーT細胞の発表をする。千葉大学医学部病理学教室助手。2月26日、長女・幸誕生。

昭和47(1972) 千葉大学講師(医学部病理学教室)。この頃、自宅でねずみを飼う。『スリーアイ』(鳥居薬品出版)編集委員。8月1日、次女・紋誕生。

昭和49(1974) 千葉大学教授(医学部環境疫学研究施設免疫研究部)。7月「レアギン型抗体産生の調節機構に関する研究」で朝日学術奨励金を受ける。ねずみを購入するも猫に襲われる。

昭和50（1975）千葉市都町に新居を建てる。

昭和51（1976）11月「免疫応答の調節機構に関する研究」で第二〇回野口英世記念医学賞。

昭和52（1977）第一九回ベルツ賞。アメリカ免疫学会名誉会員。7月、東京大学医学部教授に。一年間千葉大教授を兼任。奥村、早川、浅野を中心に平松、安部、越智、熊谷、入局。

昭和54（1979）夏、東京都文京区本郷に転居。イタリア医学賞選考委員としてセント・ビンセントへ。

昭和55（1980）6月、エミール・フォン・ベーリング賞、西ドイツ・マールベルグへ（賞金半額クラウスへ）。9月、親友永井俊作逝く。『アレルギー学の歩み』編集。

昭和56（1981）能楽堂に通いだし、能面を打ち始める。

昭和57（1982）1月、朝日賞を利根川進、本庶佑氏と共に受賞。小鼓を再び習いはじめる。

昭和58（1983）第五回国際免疫学会を会長・阪大総長山村雄一先生で、京都国際会館で開催。プログラム委員長を引き受ける。能「葵上」公演解説する。写真家森田拾史郎氏に会う。

昭和59（1984）秋、日本医師会医学賞。文化功労者、尾上松緑氏・森繁久彌氏と共に。結城市民栄誉賞、北村武氏・新川和江氏と共に。

昭和60（1985）科学技術会議ライフサイエンス部会委員。

昭和61（1986）第二回「生命科学と人間」に関する国際学会（フランス、ランブイエ）、日本代表・桑原武夫氏と共に。ＮＨＫで「驚異の小宇宙・人体　第六回　免疫」放映。

昭和62（1987）『老いの様式』（多田富雄・今村仁司編集）。11月、持田記念学術賞。

昭和63（1988）4月、ポーランド・コペルニクス医科大学名誉博士。北川寛・弟慎吾・式江とミュンヘンからワルシャワへ旅行。11月、国際アレルギー免疫学会功労賞。従弟・多田正毅の経済後援を得て、ＷＡＣＩＩＤ開校。

平成元（1989）英文学術誌『インターナショナル・インムノロジー』を発刊し、その主幹となる。

ニューヨーク癌研究所科学評議員。

平成2(1990) メトロポリタンのツアーでゾルタン・オバリー、上田氏とエジプトへ。

平成3(1991)『生と死の様式』(多田富雄・河合隼雄編集)。2月、脳死と臓器移植を主題にした能「無明の井」初演。

平成4(1992) 旅行記『イタリアの旅から』、ゾルタン・オバリーに捧げる。

平成5(1993) 4月、『免疫の意味論』。スーパー・システムの理論を哲学まで発展させたとして、10月、第二〇回大佛次郎賞。朝鮮人強制連行を主題にした新作能「望恨歌」、国立能楽堂初演。『免疫』(岸本忠三・多田富雄編)。

平成6(1994)『生命――その始まりの様式』(多田富雄・中村雄一郎編集)。日本学術会議第七常置委員会ICSU分科会会員。東京大学定年退職、最終講義はほら貝で始め、半能「高砂」の小鼓を宝生能楽堂で打つ。東京大学名誉教授。文京区向丘・高崎屋五階に事務所を開設し陽遁、能評、エッセイを書き始める。この頃唐辛子に興味を示し、栽培する。モロッコへツアー旅行。鼎談集『「私」はなぜ存在するか』(養老孟司・中村桂子・多田富雄)。

平成7(1995) 東京理科大学生命科学研究所所長。国際免疫学会連合会長(サンフランシスコにて選出される)。対談集『生命のまなざし』、免疫の意味論をめぐって。初エッセイ『ビルマの鳥の木』。白洲正子氏を見舞い、以後交流が始まる。アフリカ諸国免疫連合でケープタウンへ。ルーマニア医学科学アカデミー名誉会員。年末、インド・パレス、オン・ウイールで旅行。『日本の名随筆　人間』編集。

平成9(1997)『生命の意味論』。国際補完代替医療雑誌のアドバイザーとなる。ビーグル犬イプシロン死す。NHK「人間大学　自己と非自己」の講義放映。

平成10(1998) 第一〇回国際免疫学会を連合会長としてインドで開催する。12月、白洲正子氏死す。

平成11(1999)『独酌余滴』、二冊目のエッセイ集。『私のガラクタ美術館』、富雄のコレクションについてのエッセイ。冠太平洋免疫学会、タイで開催、関口輝比古君に会う。NHK国際番組審議会長。『DEN』（伝統芸術）監修。

平成12（2000）『独酌余滴』で日本エッセスト・クラブ賞を受ける。『人間の行方』、山折哲雄氏との対談。相対性原理を主題にした新作能「一石仙人」を書く。『橋岡久馬の能――アポロンにしてディオニソス』（森田拾史郎・多田富雄）。

平成13（2001）3月、日本オランダ友好四百年でライデンへ。4月、『免疫・「自己」と「非自己」の科学』。『脳の中の能舞台』。『老いとは何か』（福原善春・多田富雄）。5月、金沢で斃れる。脳梗塞、右半身麻痺、構音障害。7月、東京に戻り、リハビリに励む。

平成14（2002）住居を文京区湯島マンションに移す。『懐かしい日々の想い』。能評、詩、エッセイなど文筆活動。

平成15（2003）5月、横浜ケンタウロスの後援で「一石仙人」横浜能楽堂で初演。『邂逅』（鶴見和子・多田富雄の往復書簡）。

平成16（2004）『多田富雄全詩集　歌占』。『露の身ながら』（柳澤桂子・多田富雄の往復書簡）。本郷自宅新築（岩崎敬氏設計による）。

平成17（2005）『あらすじで読む名作能50』（森田拾史郎・多田富雄）。4月、前立腺癌で去勢術を受ける。8月、「原爆忌」広島で初演。11月、「長崎の聖母」浦上天主堂で初演。NHKスペシャル「脳梗塞からの〝再生〟――免疫学者・多田富雄の闘い」放映。

平成18（2006）3月、第五七回NHK放送文化賞。リハビリ日数制限に反対し署名運動する。「自然科学とリベラルアーツを統合する会」（INSLA）設立し代表に。

平成19（2007）『能の見える風景』『懐かしい日々の対話』。『わたしのリハビリ闘争――最弱者の生存権は守られたか』。『寡黙なる巨人』、闘病記、エッセイ。前立腺癌放射線治療。9月、「横浜三時空」横浜能楽堂で初演。

平成20（2008）「花供養」（白洲正子没後十年追悼能）。『言魂』（石牟礼道子・多田富雄の往復書簡）。

10月、『寡黙なる巨人』で小林秀雄賞を受賞。

平成21（2009）2月、ETV特集「もう一度会いたかった——多田富雄、白洲正子の能を書く」放映。6月、「沖縄残月記」セルリアンタワー能楽堂で初演。秋、胃ろう手術を受ける。左鎖骨骨折。瑞宝重光章叙勲、宮中参内。癌腹部転移部に放射線治療。『花供養』（白洲正子・多田富雄、笠井賢一編）。

平成22（2010）『落葉隻語　ことばのかたみ』。4月21日、癌性胸膜炎・呼吸不全にて死亡。


平成22（2010）6月18日、「多田富雄を偲ぶ会」、東京會舘ローズルームにて開催。7月15日、NHK-BShi「100年インタビュー　特集・多田富雄」放映。7月、『環』42号・特集「多田富雄の世界」。11月、ゾルタン・オヴァリー著『免疫学の巨人』（多田富雄訳）。

平成23（2011）『詩集 寛容』。11月、一周忌追悼会。

平成24（2012）4月21日、三回忌追悼能公演「無明の井」／第四回INSLA講演会（国立能楽堂）。

平成25（2013）4月21日、第一回「こぶし忌」。『多田富雄新作能全集』『寛容のメッセージ』。

平成26（2014）4月21日、第二回「こぶし忌」。

平成27（2015）4月21日、第三回「こぶし忌」。

平成28（2016）4月21日、七回忌追悼能公演「生死の川——高瀬舟考」国立能楽堂で初演、第四回「こぶし忌」（予定）。

多田富雄　主要著作一覧

■単著

『イタリアの旅から——科学者による美術紀行』誠信書房、一九九二年（新潮文庫、二〇一二年）
『望恨歌——能』橋岡會、一九九三年
『免疫の意味論』青土社、一九九三年
『ビルマの鳥の木』日本経済新聞社、一九九五年（新潮文庫、一九九八年）
『生命へのまなざし——多田富雄対談集』青土社、一九九五年（新装版、二〇〇六年）
『生命の意味論』新潮社、一九九七年
『免疫・「自己」と「非自己」の科学』ＮＨＫブックス、二〇〇一年
『生命をめぐる対話』大和書房、一九九九年（ちくま文庫、二〇一二年）
『独酌余滴』朝日新聞社、一九九九年（朝日文庫、二〇〇六年）
『私のガラクタ美術館』朝日新聞社、二〇〇〇年
『脳の中の能舞台』新潮社、二〇〇一年
『懐かしい日々の想い』朝日新聞社、二〇〇二年（再編『生命の木の下で』新潮文庫、二〇〇九年）
『歌占——多田富雄全詩集』藤原書店、二〇〇四年

『懐かしい日々の対話』大和書房、二〇〇六年
『わたしのリハビリ闘争——最弱者の生存権は守られたか』青土社、二〇〇七年
『寡黙なる巨人』集英社、二〇〇七年（集英社文庫、二〇一〇年）
『能の見える風景』藤原書店、二〇〇七年
『ダウンタウンに時は流れて』集英社、二〇〇九年（『春楡の木陰で』集英社文庫、二〇一四年）
『落葉隻語　ことばのかたみ』青土社、二〇一〇年
『残夢整理——昭和の青春』新潮社、二〇一〇年（新潮文庫、二〇一三年）
『詩集 寛容』藤原書店、二〇一一年
『多田富雄新作能全集』藤原書店、二〇一二年
『寛容のメッセージ』青土社、二〇一三年

■共著

『「私」はなぜ存在するか——脳・免疫・ゲノム』（中村桂子・養老孟司と）哲学書房、一九九四年（哲学文庫、二〇〇〇年）
『免疫学個人授業』（南伸坊と）新潮社、一九九七年（新潮文庫、二〇〇一年）
『アポロンにしてディオニソス——橋岡久馬の能』（森田拾史郎写真）アートダイジェスト、二〇〇〇年
『人間の行方——二十世紀の一生、二十一世紀の一生』（山折哲雄と）文春ネスコ発行・文藝春秋発売、二〇〇〇年
『老いとは何か』（福原義春と）求龍堂、二〇〇一年
『邂逅』（鶴見和子と）藤原書店、二〇〇三年

『露の身ながら――いのちへの対話　往復書簡』（柳澤桂子と）集英社、二〇〇四年（集英社文庫、二〇〇八年）
『言魂』（石牟礼道子と）藤原書店、二〇〇八年
『花供養』（笠井賢一編、白洲正子と）藤原書店、二〇〇九年

■監修

『好きになる免疫学――「私」が「私」であるしくみ』（講談社サイエンティフィク編、萩原清文著）講談社、二〇〇一年
『好きになる分子生物学――分子からみた生命のスケッチ』（講談社サイエンティフィク編、萩原清文著）講談社、二〇〇二年
『あらすじで読む名作能50』（森田拾史郎写真）世界文化社、二〇〇五年
『マンガ分子生物学――ダイナミックな細胞内劇場』（萩原清文作・画、谷口維紹と共監修）哲学書房、一九九九年

■編集

『アレルギー学の歩み――九人の研究者の観点』医薬の門社、一九八〇年
『インターロイキンとコロニー刺激因子』デー・エム・ベー・ジャパン、一九八九年
『人間』（日本の名随筆、別巻九〇）作品社、一九九八年

■共編
『新・目でみる免疫学』（矢田純一と）山之内製薬、一九八三年
『免疫学入門』（螺良英郎と）医薬の門社、一九八三年
Progress in immunology V——fifth International Congress of Immunology（山村雄一と）, Academic Press, 1983.
『免疫の遺伝』（岩波講座免疫科学）（笹月健彦と）岩波書店、一九八四年
『免疫応答の調節』（岩波講座免疫科学）（浜岡利之と）岩波書店、一九八四年
Immunogenetics——its application to clinical medicine（笹月健彦と）, Academic Press, 1984.
『老いの様式——その現代的省察』（今村仁司と）誠信書房、一九八七年
『現代免疫学』（山村雄一と）医学書院、一九八八年（第二版、一九九二年）
『生と死の様式——脳死時代を迎える日本人の死生観』（河合隼雄と）誠信書房、一九九一年
『免疫学用語辞典』（第三版）（谷口克・奥村康・宮坂昌之・安保徹らと）最新医学社、一九九三年
『免疫工学の進歩』（谷口克・福井宣規と）医学書院、一九九三年
『生命——その始まりの様式』（中村雄二郎・村上陽一郎らと）誠信書房、一九九四年
『免疫系の調節因子』（免疫のフロンティア）（石坂公成と）医学書院、一九九七年

■訳書
ゾルタン・オヴァリー著『免疫学の巨人——七つの国籍を持った男の物語』集英社、二〇一〇年

■監訳書
ウィリアム・E・ポール編『基礎免疫学』上下、東京大学出版会、一九八六・一九八七年

Ivan Roitt ほか著『免疫学イラストレイテッド』南江堂、一九八六年（原書第五版、二〇〇〇年）
『免疫学への招待』（辻守哉ほか訳）南江堂、一九八七年
Jonathan Brostoff ほか著『臨床免疫学イラストレイテッド』（狩野庄吾・広瀬俊一訳）南江堂、一九九四年

底本一覧

＊タイトルは変更した場合があります

新しい赦しの国　『多田富雄の世界』藤原書店、二〇一一年
自然科学とリベラルアーツを統合する会（ＩＮＳＬＡ）『多田富雄の世界』
対談 スーパーシステムとゲノムの認識学　（中村桂子＋多田富雄）『生命をめぐる対話』大和書房、一九九九年
ファジーな自己　『ビルマの鳥の木』新潮文庫、一九九五年
利己的ＤＮＡ　『ビルマの鳥の木』
生命のアイデンティティー　『ビルマの鳥の木』
都市と生命　『ビルマの鳥の木』
あいまいな私の成り立ち　『生命の意味論』新潮社、一九九七年
『免疫の意味論』をめぐって（松岡正剛）『千夜千冊 生代篇』九八六夜（http://1000ya.isis.ne.jp/0986.html）
新作能 一石仙人（創作ノートと台本）『多田富雄新作能全集』藤原書店、二〇一二年
異界からの使者たち　『能の見える風景』藤原書店、二〇〇七年
右能と左能　『脳の中の能舞台』新潮社、二〇〇一年
能の舞とＤＮＡ　『脳の中の能舞台』
キメラの肖像　『脳の中の能舞台』

能の本を書く事――世阿弥の『三道』をめぐって　『脳の中の能舞台』
能楽二十一世紀の観点　『能の見える風景』
新作能『不知火』――能を超えた能　『能の見える風景』
白洲さんの心残り　『能の見える風景』
山姥の死　『能の見える風景』
孤城（石牟礼道子）　『多田富雄の世界』
遠い夏の日の川　『独酌余滴』朝日文庫、二〇〇六年
二つの母校　『寛容のメッセージ』青土社、二〇一三年
戦後初めての少年　『寡黙なる巨人』集英社、二〇〇七年
わが青春の小林秀雄　『ダウンタウンに時は流れて』集英社、二〇〇九年
ラリマー・ストリート　『ダウンタウンに時は流れて』
オール・ザ・サッドン　『寡黙なる巨人』
花に遅速あり　『ダウンタウンに時は流れて』
理想の死に方　『寡黙なる巨人』
患者から見たリハビリテーション医学の理念　『わたしのリハビリ闘争――最弱者の生存権は守られたか』青土社、二〇〇七年
生命と科学と美――理科が嫌いな中学生の君へ　『懐かしい日々の想い』朝日新聞社、二〇〇二年

著者紹介

多田富雄（ただ・とみお）

1934年，茨城県結城市生まれ。東京大学名誉教授。専攻・免疫学。元・国際免疫学会連合会長。1959年千葉大学医学部卒業。同大学医学部教授，東京大学医学部教授を歴任。71年，免疫応答を調整するサプレッサー（抑制）T細胞を発見，野口英世記念医学賞，エミール・フォン・ベーリング賞，朝日賞など多数受賞。84年文化功労者。

2001年5月2日，出張先の金沢で脳梗塞に倒れ，右半身麻痺と仮性球麻痺の後遺症で構音障害，嚥下障害となる。2010年4月21日死去。

著書に『免疫の意味論』（大佛次郎賞）『生命へのまなざし』『落葉隻語　ことばのかたみ』（以上,青土社）『生命の意味論』『脳の中の能舞台』『残夢整理』（以上，新潮社）『独酌余滴』（日本エッセイストクラブ賞）『懐かしい日々の想い』（以上，朝日新聞社）『全詩集 歌占』『能の見える風景』『花供養』『詩集 寛容』『多田富雄新作能全集』（以上，藤原書店）『寡黙なる巨人』（小林秀雄賞）『春楡の木陰で』（以上，集英社）など多数。

多田富雄のコスモロジー——科学と詩学の統合をめざして

2016年5月10日　初版第1刷発行©

著　者　多田富雄
編　者　藤原書店編集部
発行者　藤原良雄
発行所　株式会社 藤原書店

〒162-0041　東京都新宿区早稲田鶴巻町523
電　話　03（5272）0301
FAX　03（5272）0450
振　替　00160‐4‐17013
info@fujiwara-shoten.co.jp

印刷・製本　中央精版印刷

落丁本・乱丁本はお取替えいたします
定価はカバーに表示してあります

Printed in Japan
ISBN978-4-86578-067-3

出会いの奇跡がもたらす思想の 誕生 の現場へ

鶴見和子・対話まんだら

自らの存在の根源を見据えることから、社会を、人間を、知を、自然を生涯をかけて問い続けてきた鶴見和子が、自らの生の終着点を目前に、来るべき思想への渾身の一歩を踏み出すために本当に語るべきことを存分に語り合った、珠玉の対話集。

魂 言葉果つるところ　　対談者・石牟礼道子

両者ともに近代化論に疑問を抱いてゆく過程から、アニミズム、魂、言葉と歌、そして「言葉なき世界」まで、対話は果てしなく拡がり、二人の小宇宙がからみあいながらとどまるところなく続く。

A５変並製　320 頁　**2200 円**（2002 年 4 月刊）◇ 978-4-89434-276-7

歌「われ」の発見　　対談者・佐佐木幸綱

どうしたら日常のわれをのり超えて、自分の根っこの「われ」に迫れるか？　短歌定型に挑む歌人・佐佐木幸綱と、画一的な近代化論を否定し、地域固有の発展のあり方の追求という視点から内発的発展論を打ち出してきた鶴見和子が、作歌の現場で語り合う。　A５変並製　224 頁　**2200 円**（2002 年 12 月刊）◇ 978-4-89434-316-0

知 複数の東洋／複数の西洋〔世界の知を結ぶ〕　　対談者・武者小路公秀

世界を舞台に知的対話を実践してきた国際政治学者と国際社会学者が、「東洋 vs 西洋」という単純な二元論に基づく暴力の蔓延を批判し、多様性を尊重する世界のあり方と日本の役割について徹底討論。

A５変並製　224 頁　**2800 円**（2004 年 3 月刊）◇ 978-4-89434-381-8

生命から始まる新しい思想

新版 四十億年の私の「生命(いのち)」〔生命誌と内発的発展論〕

鶴見和子＋中村桂子

地域に根ざした発展を提唱する鶴見「内発的発展論」、生物学の枠を超え生命の全体を捉える中村「生命誌」。従来の近代西欧知を批判し、独自の概念を作りだした二人の徹底討論。

四六上製　二四八頁　**二二〇〇円**

（二〇〇二年七月／二〇一三年三月刊）

◇ 978-4-89434-895-0

患者が中心プレイヤー。医療者は支援者

新版 患者学のすすめ〔"人間らしく生きる権利"を回復する新しいリハビリテーション〕

上田敏・鶴見和子

リハビリテーションの原点は、「人間らしく生きる権利」の回復である。"自己決定権"を中心に据えた上田敏の「目標指向的リハビリテーション」と、鶴見の内発的発展論が火花を散らし、自らが自らを切り開く新しい思想を創出する！

A５変並製　二四八頁　**二四〇〇円**

（二〇〇三年七月／二〇一六年一月刊）

◇ 978-4-86578-058-1

珠玉の往復書簡集

邂逅（かいこう）

多田富雄＋鶴見和子

脳出血に倒れ、左片麻痺の身体で驚異の回生を遂げた社会学者と、半身の自由と声とを失いながら、脳梗塞からの生還を果たした免疫学者。病前、一度も相まみえることのなかった二人の巨人が、今、病を共にしつつ、新たな思想の地平へと踏み出す奇跡的な知の交歓の記録。

B6変上製　二三二頁　**二二〇〇円**
（二〇〇三年五月刊）
◇978-4-89434-340-5

人間にとって「おどり」とは何か

おどりは人生

鶴見和子＋西川千麗＋花柳寿々紫

［推薦］河合隼雄氏・渡辺保氏

日本舞踊の名取でもある社会学者・鶴見和子が、国際的舞踊家二人をゲストに語る、初の「おどり」論。舞踊の本質に迫る深い洞察、武原はん・井上八千代ら巨匠への敬愛に満ちた批評など、「おどり」への愛情とその魅力を語り尽す。

写真多数
B5変上製　二二四頁　**三二〇〇円**
（二〇〇三年九月刊）
◇978-4-89434-354-2

強者の論理を超える

曼荼羅の思想

頼富本宏＋鶴見和子

体系なき混沌とされてきた南方熊楠の思想を「曼荼羅」として読み解いた社会学者・鶴見和子と、密教学の第一人者・頼富本宏が、数の論理、力の論理が支配する現代社会の中で、異なるものが異なるままに共に生きる「曼荼羅の思想」の可能性に向け徹底討論。

カラー口絵四頁
B6変上製　二〇〇頁　**二二〇〇円**
（二〇〇五年七月刊）
◇978-4-89434-463-1

着ることは、"いのち"を纏うことである

いのちを纏（まと）う

〈色・織・きものの思想〉

志村ふくみ＋鶴見和子

長年"きもの"三昧を尽してきた社会学者と、植物染料のみを使って"色"の真髄を追究してきた人間国宝の染織家。植物のいのちの顕現（けんげん）としての"色"の思想と、魂の依代（よりしろ）としての"きもの"の思想とが火花を散らし、失われつつある日本のきもの文化を、最高の水準で未来に向けて拓く道を照らす。

カラー口絵八頁
四六上製　二五六頁　**二八〇〇円**
（二〇〇六年四月刊）
◇978-4-89434-509-6

免疫学者の詩魂

多田富雄全詩集
歌占（うたうら）

多田富雄

重い障害を負った夜、私の叫びは詩になった――江藤淳、安藤元雄らと作を競った学生時代以後、免疫学の最前線で研究に邁進するなかで、幾度となく去来した詩作の軌跡と、脳梗塞で倒れて後、さらに豊かに湧き出して、声を失った生の支えとなってきた最新の作品までを網羅した初の詩集。

A5上製　一七六頁　**二八〇〇円**
（二〇〇四年五月刊）
◇978-4-89434-389-4

能の現代的意味とは何か

能の見える風景

多田富雄

脳梗塞で倒れてのちも、車椅子で能楽堂に通い、能の現代性を問い続ける一方、新作能作者として、『一石仙人』『望恨歌』『原爆忌』『長崎の聖母』など、能という手法でなければ描けない、筆舌に尽くせぬ惨禍を作品化する。作り手と観客の両面から能の現場にたつ著者が、なぜ今こそ能が必要とされるのかを説く。

写真多数
B6変上製　一九二頁　**二二〇〇円**
（二〇〇七年四月刊）
◇978-4-89434-566-9

脳梗塞で倒れた後の全詩を集大成

詩集 寛容

多田富雄

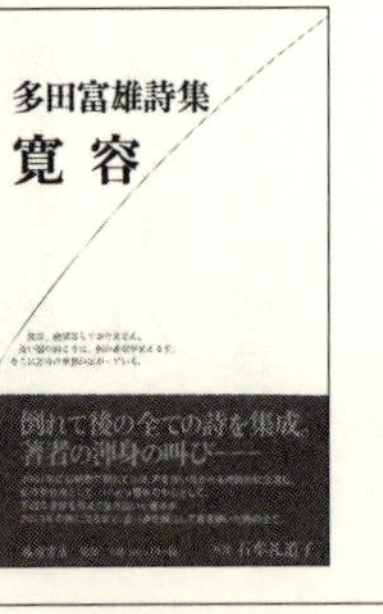

「僕は、絶望はしておりません。長い闇の向こうに、何か希望が見えます。そこに寛容の世界が広がっている。予言です。」二〇〇一年に脳梗塞で倒れてのち、声を喪いながらも生還し、リハビリ闘争の中心として、不随の身体を抱えて生き抜いた著者が、二〇一〇年の死に至るまで、全心身を傾注して書き継いだ詩のすべてを集成。

四六変上製　二八八頁　**二八〇〇円**
（二〇一一年四月刊）
◇978-4-89434-795-3

現代的課題に斬り込んだ全作品を集大成

多田富雄新作能全集

多田富雄　笠井賢一編

免疫学の世界的権威として活躍しつつ、能の実作者としても現代的課題に次々と斬り込んだ多田富雄。現世と異界とを自在に往還する「能」でなければ描けない問題を追究した全八作品に加え、未上演の二作と小謡を収録。巻末には六作品の英訳も附した決定版。

口絵一六頁
A5上製クロス装貼函入
四三二頁　**八四〇〇円**
（二〇一二年四月刊）
◇978-4-89434-853-0

白洲没十年に書下ろした能

花供養

白洲正子＋多田富雄
笠井賢一編

白洲正子が「最後の友達」と呼んだ免疫学者・多田富雄。没後十年に多田が書下ろした新作能「花供養」に込められた想いとは？　二人の稀有の友情がにじみ出る対談・随筆に加え、作者と演出家とのぎりぎりの緊張の中での制作プロセスをドキュメントし、白洲正子の生涯を支えた「能」という芸術の深奥に迫る。

カラー口絵四頁
Ａ５変上製　二四八頁　**二八〇〇円**
（二〇〇九年一二月刊）
◇978-4-89434-719-9

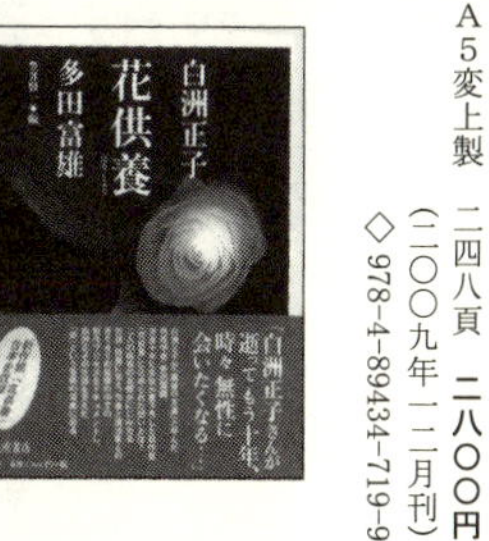

「万能人」の全体像

多田富雄の世界

藤原書店編集部編

自然科学・人文学の統合を体現した「万能人」の全体像を、九五名の識者が描く。

多田富雄／石牟礼道子／石坂公成／岸本忠三／村上陽一郎／奥村康／冨岡玖夫／磯崎新／永田和宏／中村桂子／柳澤桂子／浅見真州／大倉源次郎／大倉正之助／櫻間金記／野村万作／真野響子／有馬稲子／安藤元雄／加賀乙彦／木崎さと子／公文俊平／新川和江／多川俊映／堀文子／山折哲雄ほか
［写真・文］宮田均

四六上製　三八四頁　**三八〇〇円**
（二〇一一年四月刊）
◇978-4-89434-798-4

渾身の往復書簡

言魂（ことだま）

石牟礼道子＋多田富雄

免疫学の世界的権威として、生命の本質に迫る仕事の最前線にいた最中、脳梗塞に倒れ、右半身麻痺と構音障害・嚥下障害を背負った多田富雄。水俣の地に踏みとどまりつつ執筆を続け、この世の根源にある苦しみの彼方にほのかな明かりを見つめる石牟礼道子。生命、魂、芸術をめぐって、二人が初めて交わした往復書簡。『環』誌大好評連載。

Ｂ６変上製　二一六頁　**二二〇〇円**
（二〇〇八年六月刊）
◇978-4-89434-632-1

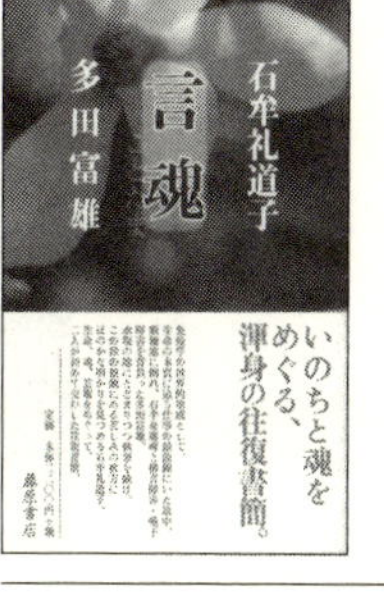

韓国と日本を代表する知の両巨人

詩魂

高銀（コウン）・石牟礼道子

石牟礼「人と人の間だけでなく、草木とも風とも一体感を感じる時があって、そういう時に詩が生まれます」。

高銀「亡くなった漁師たちの魂に、もっと海の神様たちの歌を歌ってくれと言われて、詩人になったような気がします」。

韓国を代表する詩人・高銀と、日本を代表する作家・詩人の石牟礼道子が、魂を交歓させ語り尽くした三日間。

四六変上製　一六〇頁　**一六〇〇円**
（二〇一五年一月刊）
◇978-4-86578-011-6

月刊

2016
4
No. 289

発行所　株式会社 藤原書店©
〒一六二-〇〇四一　東京都新宿区早稲田鶴巻町五二三
電話　〇三・五二七二・〇三〇一（代）
FAX　〇三・五二七二・〇四五〇
◎本冊子表示の価格は消費税抜きの価格です。

編集兼発行人　藤原良雄
頒価　100円

現代詩の光跡の彼方を生きる詩人が、旅の中で写しとった幾層もの声。

心に刺青をするように

吉増剛造

吉増剛造氏（1939-　）

二〇一五年日本芸術院賞・恩賜賞を受賞した吉増剛造氏。詩の見えない〝枠〟を破り、乗り越えた現代日本唯一の詩人である。吉増氏が本誌二〇〇一年二月～〇八年一月、「triple ∞ vision」として写真とともに掲載した連載が、満を持して単行本化される。本書は、沖縄、遠野、アイルランド、ソウル、ブラジル……いくつもの旅の中に、また小津安二郎、ベケット、キーツ、イリイチらとの出会いの中に折りたたまれた〝声〟を写しとり、写真と詩で渾身の力で浮かびあがらせた、類稀な作品集である。　**編集部**

● 四月号目次 ●

旅の中で写しとった幾層もの声。
心に刺青をするように　**吉増剛造**　1

建築に木を使い、日本の山を生かす。
「ウッドファースト」をすすめよう　**上田篤**　4
「木」からの地方創生　**網野禎昭＋平岡龍人＋増田寛也＋上田篤**　6

「大正」という時代を、今なぜ読み直さなければならないか！
「大正」を読み直す　**子安宣邦**　10

多田富雄の最晩年の仕事　**多田富雄**　12

「一緒に食べる?」　**佐藤初女／朴才暎**　14

〈特別寄稿〉初の刑事裁判と東電幹部の責任は?　**相良邦夫**　16

〈新連載〉今、世界はⅢ—1「ナシオンが『民族』を食いつぶす」（田中克彦）20　花満径1「幸田露伴の『国民』」（中西進）21　力ある存在としての女性1「メアリー・ビーアドとは?」（三砂ちづる）23　〈リレー連載〉近代日本を作った100人25「大島圭介——近代日本の工業教育の父」（高崎哲郎）18　〈連載〉生きているを見つめ、生きるを考える13「常識を変え続ける生きもの」（中村桂子）22　女性雑誌を読む96「北村美那子——『女の世界』」50（尾形明子）24　沖縄からの声10「小善大悪」（川満信一）25　3・5月刊案内／読者の声・書評日誌／刊行案内・書店様へ／告知・出版随想

書物モマタ夢ヲミル

書物モマタ夢ヲミル。（二四九頁ノ女性ノ一瞥あるひは、クロード・レヴィ＝ストロースのとしつきのきざみから）『心に刺青をするように』（……といいます、永年、島尾敏雄ミホ論のためにあたためてきていた、小鳥か小鳩に似たタイトルがここに、……）。

あるいは（二五三頁、鶴見和子さんの『いのちを纏う』の忘れがたい、……ほとんど思考の芯のような〝纏う〟を借りて、……）『纏う言葉』としてみてもよかったのかも知れなかった。

そしてまた（この稀なヒトとも鶴見和子さんにも生前お逢いが叶わなかったのだが、一九六頁、イバン・イリイチ氏のこれもいつまでも心に残る、……）『注意深く目をそらすこと』を、夢の標題としてもよかったのだが、……。

この書物は、『環』（季刊思想誌、二〇〇〇年一月0（ゼロ）号、二〇一五年終刊号五月号・六十一号）とほゞ同行をした『機』の毎月の文章を集めた、……というよりも居並んでもらったものだ。七年間八十回の言葉の樹皮に触れていて、〝書物ニハトキガナイ〟と思いも掛けない声がしていた。それは『環0（ゼロ）号』の折に、印象的な出逢いを記していた故フィリップ・ラクー＝ラバルト氏（本書二七四頁の〝……再標記すること、しかもその窪みにおいて、あるいはその陰画（ネガ）において、……〟）から響いてきている声でもあったのだろう。おそらく、書物ハソノ（〝窪ミ〟ニ……）夢ヲミル。

2016. 3. 31 Tokio

沖縄平和通りと那智ノ瀧

あたらしいこころみ、――。心躍りによってはじまり、立ち上って来る何か。（〝傍点〟と印字の指定を朱筆で入れて、その刹那―咄嗟に想ひ浮かべられているらしい〝色〟と〝複雑した〟蕪村か鉄斎か、あるいは漱石かウイリアム・ブレイクかの〝心の絵〟と〝心の移ろい〟のその隣の何か――〝隣の何か、……〟ここに、あるらしい〝廊下〟か〝縁台のあるような場所〟そこ、――に、ふと気がつく。）

「*double vision*」と、先ず通しタイトルを記したのだが、……

（第一回目のための縦に長い上の画面に見入って、しばらく、三重うつしになっていることに気づいていました。〝もっと重なるともっといい、……〟古人のこれは小声だろうか。襲？ プリーツ？〝これは、古（いにしえの）巴里の？ 古欧州のご婦人の声だろう。「画面」、天地は沖縄国際通り入って平和通り、さらに入って平和通り裏路、――。天地逆は、熊野の名瀑那智瀧、――。愛用の *Fuji TX-1* フルパノラマで縦位

置に撮って、それが、床の間の掛物かその記憶、あるいは狭くうすいところからみられている、なんだろう、縦に長い物のひかりの化現であるらしいことに気がついたのは、*Parco-Logos* での展覧会場でだったが、いままた、『機』のあたらしいこころみの機会に恵まれて、うつっているもの（色、空気）、シーンを眺め直すと、二様の天地那智瀧と平和通り（の、正確にいうと、「平和通り商店街振興組合」の事務所の看板、――あたたかい、降る雨に、洗われていたらしい、木目が美しい。そこに〝書字〟が乗っている、……）の画像の外に、外にか、あるいは下にか、横位置でもう一葉、別の世界が乗っているのに気がついていた。だから、……正確には、三重。あるいは、……。）

（絵葉書の、……）

こころみ、――。

triple ∞ vision

陸上の奇妙な競技に「*triple jump*」というのがあって、いつまでも、あの空中の姿勢が気に掛って居る。古代ギリシャから、あるいは太古アフリカ時代から、あんな「空中の姿」に、わたくしたちは拍手を送って来ていたのではなかったか。（忘れてしまうための記憶装置。忘れていくための〝みちのり〟の途上に、……ね。）

（連載第一回）

（よします・ごうぞう／詩人）

建築に木を使い、日本の山を生かす。

「ウッドファースト」をすすめよう

上田 篤

現在、日本では第二次世界大戦後に植林した人工林が伐採期を迎え、豊富な林産資源を生かす好機にある。林野庁の「木づかい運動」、林業界の「ウッドファースト」宣言など、「木」の活用を推進する動きがあるなかで、今、我々は「木」にどう向き合うべきか。編者の上田篤氏に本別冊の狙いを綴っていただいた。（編集部）

日本の山林をめぐる混迷

日本の地域創生は、日本の山を生かすかどうかにかかっている。

日本の山の死活は、日本人が木を使うかどうかにかかっている。

それは、日本人が昔のようにたくさん木を使って山の木の新陳代謝をうながすかどうかである。

日本列島は第二次世界大戦中にたくさん木を伐ってしまったので、戦後一千万ヘクタールほどを植林した。つまり国土の三〜四割が人工林になったのだ。

ところが木材を得るために植えたはずの森林があまり使われずに外材がどんどん日本に入ってきている。結果、植えた木は立ち枯れ、線香林と言われる細い木になり、平野部にまでスギ花粉をまき散らしている。また大雨が降ったら山崩れを引き起こし、利根川洪水のような大水害の原因にもなっている。山里の村や町も大きな収入源を失って衰退し、あるいは分解していくだろう。おかしな話ではないか。

このような現状を見て私は「地方創生は山の問題で山は木の問題だろう」と思う。林業が正常に機能していれば、つまりちゃんと木を伐って、その後に新しい苗を植えて、それをちゃんと管理していけばうまくゆくはずのものが、現状はそうなっていない。これは一体どういうことなのだろうか？

「木の建築」再生に向けて

戦後せっかく一千万ヘクタールもの植林をしたのに、その山林はいろいろの問題を抱えている。そして片や鉄やコンクリートの建築が増えている。もちろん日本は昔からの木の家を大事にしてきた国だから今も住宅などには木を使っているが、それもどんどん外材に変わってきている。また従来の木材ではなく木質の工業製品も次々に出てきており、それに多く外材が使われていて「木の国の日本」が、何が何だか訳のわからない状態になってきている。そうして片や地方はどんどん衰微していっている。こういう状況をどう考えたらいいのか？

そこで、改めて建築に広く木を使う運動「ウッドファースト」を提唱したい。とりわけ人間の健康や都市の環境などにたいして優れた貢献をする「木の良さ」を強く訴えたい。

そのために「火事に弱い、地震で倒れる、津波で流される、朽ち果てていく」などといった木のもつ弱点を現代科学技術によって克服し、新しい生産技術を拓き、法整備を進め、大小の産業を興し、流通過程を整備し、建築主と建築家の発奮を促し「木の建築」の再生に貢献したいのである。

▲上田篤氏(1930-　)

木は日本人の生活の要、心の支え

明治以前の日本人は、燃えても燃えても建築に百パーセント木を使ってきた。それは木に対する、もっというと柱に対する深い思い入れがあったからである。

縄文遺跡に見る数々の巨大木柱、諏訪大社の四本の御柱、出雲大社の心御柱、伊勢神宮の棟持柱、多くの神社の背後のご神木、そして古い日本家屋に見る大黒柱などがそれを示している。それらは神の降臨する依代であるが、同時に何千年もの長い間の日本人の生活空間の要であり、人々の心の支えでもあった。

そのことは日本の仏塔となった五重塔を見るとわかる。たいていの五重塔の内部に仏像はなく、人々は塔全体の要である心柱を拝んでいるからである。

そういう日本建築における柱の持つ意味をこのさい思い起こし、改めて木と日本文化の深さを知るとともにその現代化を考え、さらにグローバル化を進めたい。そうすることによって山々とその里の活性化を図り、地域創生をうながし、日本の未来に明るい火をともしてゆきたいのである。

（構成・編集部）

（うえだ・あつし／建築家、評論家）

山林を支える根底にあるのは、自治的共同体だ！

「木」からの地方創生

網野禎昭＋平岡龍人
＋増田寛也＋上田　篤

林業を支える、地域の誇り

上田　古代から今日まで日本には山林はありましたが、市場の存在を前提とするような林業は成立しませんでした。あったのは「略奪林業」です。貴族が都を造営するために、つづいて武士が城郭を建造するために里山や奥山から百姓たちに木を持ってこさせた。里山はともかく、奥山がそういった略奪の対象になったのは、奥山が元来、無主の地つまり持ち主のいない土地だったからです。

ところがそういう奥山のなかで、昔から吉野地方だけは林業が継続していました。何故かというと、吉野には修験や山伏が住んでいたからです。仏僧ではありますが山に神を見、滝に打たれながら山に住んでいた。山の幸で生き続けました。ある意味で縄文の伝統を受け継ぎました。奈良の大仏殿も、かれらのリーダーである役小角（えんのおづぬ）の助力によって建てられたといわれています。

そういう彼らにはネットワークがありましたから林業も可能だったのです。

このように吉野における林業は吉野の人々の誇りです。そこに住んでいる人がやっているからです。地域の人々の誇りが失われ、人々がただ利益だけで動いたのでは、そういう地域はなくなるかもしれません。そんな気がいたします。

地域主導の農林業の再生

平岡　林業とともに、農業もどんどん衰退していますよね。私は泉州に小さなお寺を持っていますが、寺の周辺では非常に美味しい農産物がたくさんとれます。ただし農業に取り組んでいるのは、全員七十、八十、九十歳のおじいさんやおばあさんばかりです。多くの子供は継ぎません。どうしてかと尋ねると、「孫が企業に勤めておって、先月のボーナスは百万円やった。私の一年間の収入ですわ」

ということでした。こういうことですから、誰も自分の孫に継いでほしいとは言いません。

農業に限らず、林業も漁業も同じことが起こっているに違いないと思います。そのときに林業、農業、漁業を再生するには、結局税金投入しかないのですか。

増田　岩手で校舎を木造で建て替えようという話がうまくまとまった学校は、岩手県の紫波町にあり、学校林を持っていました。以前から学校建て替えのときに使う木を植えている山です。次の建て替えまでの三〇、四〇年地域のみんなで大事に育てます。このような学校林は、いろいろな意味で地域の循環のシンボルのようになっています。

校舎が古くなり、学校林の木がかなり大きくなると、みんなから建て替えの話が出てきて、それで設計をどうするかというところも、地域主導で考えます。私が知事をしていたときには、建築基準法の規制で校舎を木造総二階建てというわけにいきませんでしたが、土地がいっぱいあるので、平屋ですべて建てることになりました。

紫波町の住民は学校林を地域の誇りと思っており、木材はほぼその学校林の木を伐ってまかなうことができました。そしてできた学校は逆に地域の誇りの象徴になりました。住民は地域のいろいろな問題をどうしていったらいいかに常に関心があって、地域共同体としての力が強い地域です。

学校林は長い年月をかけて育て、さまざまなものが循環して、全部自分たちに戻ってきて校舎にかわります。教育の場を通じて教える非常にいい仕組みだと思います。学校林のようなつながりを各地域で持っていくことが大事だし、それがその地域の強さになっていると思います。

農業はいまどんどん海外からも安いものが入ってくるので、日本の農業は大変ですが、真っ向から価格勝負の農業だけに向かうと、いずれはとんでもなく大規模化するしかなくなってしまうでしょう。基本は、産業ですから、補助金行政から脱却しないと足腰が弱くなってしまいます。本当に農業を再生させるのは、税金で支えることではありません。補助金がなくても現実に立派に農業をやっているところが多数ありますので、それがこれからの主流になると思います。

ただ全部が全部同じような農業というよりは、小規模だけど自分たちの自己主張をうんと込めたような農業など多様な農業が存在するのがよいと思います。

日本を一度新しく再生しなければいけないのですが、いま置かれている状況を違う方向に持っていくときに、個人というよりも、地域共同体としてみんながそれぞれの役割を果たしていくという方向性を考えていくべきではないでしょうか。地域共同体としての機能をより強化するとか、地域共同体で問題に立ち向かうのが一つの方策のように思います。

山と社会の循環を図る全体観が必要

網野 皆さんのお話を聞いていて思い出したのがオーストリアの山間の小村です。山と一言でいったり、木を使うといって木材にばかり注意が行ったりしますが、本当の問題は木ではなく、人です。山の問題というのは、山で暮らす人たち、山を支える人たちをどう食わしていくかという人の問題です。山と人の社会生活の循環という話が出ましたが、それが比較的うまくいっている地域がオーストリアの山間にあります。人口三百人前後といった小さい自治体の多い地域です。

山の話から始まって、コミュニティの話が出てきましたが、こういう小さい自治体ではコミュニティがしっかりしています。上田さんがおっしゃった、御柱祭をやるために一年かけて準備をするという考え方と同じものがあります。そういうところでは、本当に小規模ですが、地域の森の成長量と自分たちの消費量のバランスをうまくとったシステムができています。ただ木を使えばいいというのではなく、社会と調和する全体観がきちんとできています。

ところが日本では平岡さんがおっしゃったような教育の問題があり、各論は充実しますが、リーダー不在のため全体観を提示できません。山の問題というのは、人を食わす問題なのだと気づき、山と社会の循環を図っていく、その全体観をちゃんと提示することなのです。そのことを痛切に感じます。

（構成・編集部）

（うえだ・あつし／建築学者、建築家、評論家）
（ひらおか・たつと／清風情報工科学院理事長）
（ますだ・ひろや／元岩手県知事・総務大臣、野村総合研究所顧問）
（あみの・よしあき／法政大学教授、建築家）

＊全文は別冊『環』㉑に掲載

別冊『環』㉑ ウッドファースト！ 建築に木を使い、日本の山を生かす

編集＝上田 篤

菊大判 四一六頁・カラー口絵一六頁 三八〇〇円

〈総論〉ウッドファーストを進めよう 上田 篤

木づかいのいろいろ 岡本一真

〈座談会〉**日本の木・山・建築はどうあるべきか** 尾島俊雄＋田中淳夫＋中村桂子＋上田篤

I 日本人と木の家

縄文人は山に木の家を建てた 鎌田東二
山と木をめぐる三千年の日本人の生きざま 中牧弘允
わたしたちはなぜ木の家を捨てたか 鳴海邦碩
ウッドファーストをどう進めるか 尾島俊雄
柱讃歌 田中充子

II 木の家の良さ

木の家の良さ 川井秀一
伝統的木造建築 木内 修
木造建築の新しい展開 腰原幹雄
新しい木造建築を実践して 木村一義
山が変わり、建築が変わる 網野禎昭
ドイツ人の木の建築に対する取り組み 内山佳代子
CLTの可能性と限界 稲田達夫
日曜大工の楽しさ 灰山彰好

III 適材適所の「木の建築」

適材適所の木の建築 河井敏明
公共建築物に木を使おう 藤田伊織
木の文化と旅館、そして聖なる空間 竹山 聖
都市に木の消防署を 久 隆浩
集合住宅を「木の建築」にしてみたら 渡辺真理
コンクリートの城を「木の建築」にしてみたら 中川 理
病院・介護施設を「木の建築」にしてみたら 辻 吉隆
学校を森にする 金澤成保
成長する美術館 中西ひろむ
組み込まれた杉丸太の斜材 新井清一
東京オリンピック二〇二〇への提案 腰原幹雄
森のくにの木のまち 中村良夫
和風の屋根が冠されたビルを、どう見るか 井上章一
一九九五年「木の建築と都市展」回顧 田中充子

〈コラム〉**現代建築家と「ウッドファースト」**
「みんなの森 ぎふメディアコスモス」伊東豊雄／「岐阜県立森林文化アカデミー」北川原温／「檮原町プロジェクト」隈 研吾／「丸美産業本社社屋」高松 伸／「日向市駅」内藤廣／「タメディア新本社」坂 茂／「STUDIO STEPS」山本理顕

IV 山を生かし、里を生かす

山を生かし、里を生かす 速水 亨
林業経営の困難な問題をどう解決するか 榎本長治
日本林業の現状と課題 海瀬亀太郎
山林地主 中岡義介
真の林業再生・中山間地域創生のための自伐型林業論 中嶋健造
フォレスター（山森長）制度の提案 玉井輝大
国産材をもっと使うためには 長谷川香織
樹木の時間と人の時間 田中淳夫
森・里・海を育てる人々 池上 惇
木も森も、風景（ランドスケープ）の目で計画を 進士五十八
よみがえる里山「桜の園」 上田昌弘
嗚呼、山を愛する日本人 加藤碩一

〈座談会〉**「木」からの地方創生** 網野禎昭＋平岡龍人＋増田寛也＋上田篤

〈附〉木材利用のために知っておきたい国産材製材の基礎知識 榎本長治

「大正」という時代を、今なぜ読み直さなければならないか!

「大正」を読み直す

――幸徳・大杉・河上・津田、そして和辻・大川――

子安宣邦

「大正」という時代

「『大正』を読み直すことは、『昭和』を、戦前の『昭和』だけではない、戦後の『昭和』をも読み直すことになるだろう」と、本書・序章の最後に私は書いた。大正前夜の「大逆事件」、やがてくる大正の政治社会に国家権力が先手を打った国家的テロルというべき「大逆事件」について書きながら、私は社会主義とその政党がほとんど溶解してしまった二十一世紀日本の政治的現実と「事件」との間を重く暗い線をもってつなげざるをえなかった。そしてまた河上における『貧乏物語』の破棄と『第二貧乏物語』の成立をたどりながら、現代日本における〈貧困論〉がまさしく貧困であることの理由を考えざるをえなかった。

私が読み始め、読みながら確認していった「大正」とは、「戦後民主主義の日本社会への定着」をいうものが、その前提として見出す「大正デモクラシー」としての「大正」ではない。もしわれわれの民主主義についていうならば、〈民〉をただ迎合し、喝采し、投票する〈大衆〉としてしか見ない〈民主主義〉、〈民の力〉を本質的に排除した〈議会制民主主義〉への道は、すでに「大正デモクラシー」そのものが辿っていった道ではなかったのか。私は「大正」を読みながらそのように考えるようになった。

昭和八年生まれの私は、昭和前期の全体主義を幼少年期の心身的記憶の形で心に留めている。私はこの記憶をわずかな、しかし確かな拠り所にして、昭和の全体主義を構成する諸問題の思想史的な解読作業を行ってきた。それは『「アジア」はどう語られてきたか』(藤原書店、二〇〇三)であり、『日本ナショナリズムの解読』(白澤社、二〇〇七)であり、『「近代の超克」とは何か』(青土社、二〇〇八)などなどである。

「大正」から「昭和」を見る

だが本書『「大正」を読み直す』にまとめられた「大正」を読む作業は、上記の著書などにまとめられた私の思想史的作業とは性質を異にしている。「大正」を読みながら、私は大正が作った昭和の全体主義の中に生み落とされたのではないかと思うようになった。事実、明治末年に生まれ、大正に成人し、やがて世帯をもち、家業をも成していった両親から、昭和の工業都市川崎に生まれたのである。

　このように見ることによって「大正」も「昭和」も私においてその意味を変えた。「大正」を読むことは、「昭和」を読み直すこととなった。「昭和」はそれ自身をとらえ直し、読み直すことを可能にする「大正」という外部的視点をもったのである。私がその中に生み落とされた「昭和」の全体主義は、これを生み落とした「大正」から見ることによって、記憶の中の心象を脱して解読可能な歴史的構成体になったのである。

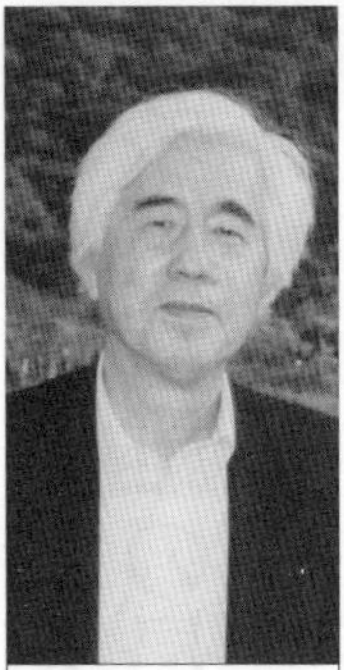

▲子安宣邦氏（1933-　）

　すでに私は本書で、津田の『神代史の研究』を読むことを通じて、昭和全体主義時代の思想史的言説が和辻によってどのように語り出されていくかを見た。「大正」を読むことが「昭和」の再読をうながすものであることを、本書最後の和辻・大川をめぐる二章はすでに示している。「大正」を読むこととは、私自身の予想をこえた大きな意味をもつものであった。

　本書本文中に記したように、成田龍一氏の『大正デモクラシー』を読むことによって私は「大正」への視点をもつことができたし、田中伸尚氏の『大逆事件　死と生の群像』と出会うことによって、大正前夜の「大逆事件」から「大正」を、そして「昭和」をも読み直すことの重要さを教えられた。

　本書は、東京・昭和思想史研究会と大阪・懐徳堂研究会の市民講座で行なった講義を整理し、まとめたものである。二〇一四年の秋に始まった「大正を読む」講座は、今年の二月まで続いた。一年半にわたる講座の熱心な参加者の支えなくして、「大正を読む」という私の新たな作業を完結させることはできなかったであろう。聞き手がいなければ、語ることもない。講座とは語り手と聞き手の共同作業だと思っている。

（構成・編集部）

（こやす・のぶくに／思想史研究）

『「大正」を読み直す』
幸徳・大杉・河上・津田、そして和辻・大川
子安宣邦
四六上製　二六四頁　三〇〇〇円

免疫学者の第一人者であり、詩人・能作者でもあった多田富雄の全体像

多田富雄の最晩年の仕事

多田富雄

二〇一〇年に逝去された多田富雄さんの七回忌を迎える本年、主要な著作を集成した「多田富雄コレクション」を発刊する。それに先立ち、多田さんの「全体像」を示す『多田富雄のコスモロジー』を編んだ。本号では、多田さんが最晩年に情熱を傾注した「自然科学とリベラルアーツを統合する会」の設立趣意書を再掲する。（編集部）

ますます細分化した科学は、自分の位置さえわからぬまま急速に進んでいる。そこには紛れもない夢と実益が含まれているが、潜在的危険も孕んでいることは今さらいうまでもないだろう。二十世紀に発した核技術はいまだに制御できないばかりか、ますます脅威を深めながら私たちの前に立ちはだかっている。人間の欲望と結びついた科学技術は地球環境を破壊し、二十一世紀に最大の人類の問題となって持ち越された。遺伝子操作、生殖工学は、新しい医療技術を提供する可能性をもたらしたが、一方、一歩間違えれば人類の尊厳を破壊する恐ろしさを持っている。同じく資本と結びついた科学研究は人間性と乖離し、科学研究費の不公正な配分は科学者の人格を破壊している。

しかし、私たちは科学に大きな希望を託している。科学の進歩はとどめることが出来ない。科学や技術の進歩に必然的に含まれる光と影は、当事者である科学者だけでは解決できない。「科学の知」は、振り返ることがない故に、大きな進歩を可能にしてきたのである。科学の問題点を解決出来るのは、「科学の知」と「人文の知」の統合だけである。広い意味での教養、「リベラルアーツの知」がなければならない。

▲多田富雄氏（1934-2010）

一方、文化や社会の問題を客観的に眺めるためには、「科学の知」を取り込

んだ分析が必須である。したがっていずれの場合でも自然科学とリベラルアーツをアマルガメートした知が必要となろう。現代の問題点は、「より深い」、「より広い」、「より遠い」視野を持った複眼的思考を基にして考えることが必要である。

このような観点から、理系の研究に携わっている者と、文系の仕事に従事している人が、フリーに交流できる場を作り、科学の問題を文学、演劇、音楽等の芸術媒体で表現、理解する試みや、文化、社会の問題を科学の目で解明する試みを支援するために、「**自然科学とリベラルアーツを統合する会**（Integration of Natural Sciences and Liberal Arts, INSLA）」を発会する。

この会は、当面会議などは持たない。会員の提案によって、趣旨に合致した事業を計画し実行してゆく。会費は当面無料とし、個人と団体からの寄付によって運営する。事業の計画、討論、報告はすべてネットで行うという実験的運営をする。会員はしばらくの間は、実行委員と賛同者の推薦のみによる。

二〇〇七年春

ＩＮＳＬＡ代表　多田富雄

（ただ・とみお／免疫学者）

津軽の海にはぐくまれた二人が、結び合うものとは？　生前最後の遺作！

「一緒に食べる？」

佐藤初女

「森のイスキア」を主宰する佐藤初女。今彼女の元に、多くの心や躰を病む女性たちが駆け込む。その人たちにおむすびを食べてもらうことでつながる。その初女さんは、今年二月一日、九十四歳の一生を忽然と閉じた。同郷津軽の作家、朴才暎が対話と取材を通して、佐藤初女の最期の思いを浮彫る。

一緒に食事をするというのは、いのちの分かち合いです。

自分のお腹がすいているのに一緒になれない、食事までいかない、いのちまでいかない。それが本当に残念です。わたしは誰にでも、会うと必ず「一緒に食べる？」と聞きます。

日本と韓国（朝鮮）はまだ（心が）別々になっていますが、それは両方の人びとがもう一歩深く、一つになりたいと思っていないからです。この本は、一つになりたいという気持ちで書かれました。

わたしは日本と韓国（朝鮮）の人とが、ここで一緒に食事をすればいい、そうすれば何かが生まれると思います。それが一番大事なことではないかと思います。そうでないと、いつまでたっても同じで、深くなれない。いまなんか、最もそうです。皆、それを待っているにもかかわらず、周りの冷ややかな「視線」は一掃されません。心というのは固いものですね。

わたしは前に進んでほしいと思います。わたしは現在の気持ちをさらに深めていきたい。心の一致のために立ち向かいたい。

皆さん、ぜひ、この本を読んで下さい。

わたしは、朴さんが奈良の薬師寺で開いた「出会いのコンサート」のような集いを、繰り返したい。戸を開けたり閉めたりして様子を見るのではなくて、いつも開けっ放しで、どんどん入ってきてもらいたい。

今は理屈が多くて、同じことの繰り返しをしています。わたしはこの本ができたことが嬉しい。それほどいつも韓国（朝鮮）に心を寄せています。少しでも戸が開いてほしい。朴さんといると、いつも思います。

小さな気持ちですが、わたしはめげずにやっていきたいと思います。〈弘前イスキア〉にて

二〇一六年一月十三日

（さとう・はつめ）

海に抱かれて

朴才暎

〈森のイスキア〉の活動から、当然のようにほとんどの人が初女さんを森の人、大地の人とイメージするが、真実の初女さんは海の人である。いよいよ本格的な取材が始まると、初女さんは最初から繰り返し海のことを語った。初女さんの原風景は海だという。浜のそばで生まれ育ったとはいえ、いま九十の齢を迎え、海の何にそれほどまでに惹きつけられているのか。

初女さんが幼少を過ごした頃の沖館は、朝早く起き玄関を出て外に出ると人家もなく、家の前からさえぎるものなく遠浅の浜が続いていたという。

「海はまず透明でしょう。それに海にはいろいろな川も流れこむしね。それに魚。小さな魚の一匹一匹がぴちぴち飛び跳ねていて、それを獲って家にもって帰ると皆が喜ぶんですね」

人の喜ぶ顔があり、人の悦びのために何かをする歓び。そのうえそれは家族のための食材にもなった。

夢見がちで好奇心が強いだけでなく、何事においてもスケールの大きいいまの初女さんの原型は、この海とともにあった油川の日々にある。幼い初女さんにとって目の前に広がる海は、遊び場であり生活の場であり、いのちの躍動を実感する豊饒なすべてだった。

（パク・チェヨン）

福島原発事故の原因と法的責任の究明は未だに進んでいない

〈特別寄稿〉初の刑事裁判と東電幹部の責任は？

相良邦夫

社会の疑問に応えた第五検察審査会

福島第一原発の過酷事故から五年——。東京電力の勝俣恒久元会長、武黒一郎元副社長、武藤栄元副社長の旧経営陣三人が、二月末の東京第五**検察審査会**の再議決に基づき、検察官に代わる指定弁護士（五人）によって、業務上過失致死傷罪で東京地裁に強制起訴された。

福島原発事故を引き起こした原因の究明や法的責任の解明は未だに進んでいない。刑事責任の有無が初めて公開の法廷の場で裁かれることになった社会的な意義は大きい（拙著『原子力の深い闇』二〇四ページを参照）。

検察審査会制度とは、検察官が容疑者を起訴しなかったことが妥当だったのかを、有権者から無作為に選ばれた一一人の検察審査員が審査する制度である。

強制起訴は、二度の審査で審査員八人以上が賛成し、起訴相当（起訴すべき）との議決をした場合、裁判所の指定弁護士が検察官役となり、容疑者を起訴することをいう。

この制度は、二〇〇九年に検察の起訴、不起訴の判断に、国民（市民）の意見を反映させるために導入された。これまでに強制起訴された事件は八件あるが、裁判で有罪が確定したのは二件と少ない。

争点は「予見の可能性」と安全確保義務

今回の指定弁護士による東電の元幹部三人に対する起訴状は、まず、

（一）想定される自然現象で、原子炉の安全性に適切な防護措置を講じる業務上の注意義務があった

（二）一〇メートルの高さの敷地を超える津波が原発のタービン建屋へ浸入し、電源、冷却機能の喪失、炉心損傷、ガス爆発などの事故の可能性を予見できた

（三）未然に防止すべき注意義務を怠り、漫然と原発の運転を継続した過失があると告発した。さらに起訴状は、

（四）その結果、津波で全交流電源を喪失し、炉心損傷などを招いた
（五）水素爆発により一号機で3人、三号機で10人を負傷させ、長時間の搬送、待機の避難などで住民44人を死亡させた、と罪状を挙げている。

初の刑事裁判で特に争点となるのは、東電元幹部三人が、大津波の浸入による原発事故の可能性を予見できたかという「**予見可能性**」と、事故を防ぐために必要な対策を講じることが可能だったかという「**結果回避可能性**」（安全確保義務）である。指定弁護士の検察官は、この立証義務を負う。裁判は長期化しそうだ。

水俣病事件でも問われた「予見の可能性」

他人に違法な損害を与えた場合、企業でも損害賠償をする義務がある。この考え方には「**結果責任**」と「**過失責任**」の二原則がある。

前者の「**結果責任**」は、他人に違法な損害を与えた場合、過失の有無に関係なく、その結果に損害賠償の責任を負う。これは責任の限度がない「無限責任」であり、近代以前の社会では、一般的な考え方だった。

これに対し、近代法（明治以降、日本も導入）には、後者の「**過失責任**」が導入された。同原則は、資本投下による起業活動で生じる利益は予測可能（計算可能）とし、近代の合理的な経営理念と切り離せない関係にある。この過失責任は、専門性の高い原子力では、立証困難なため、「無過失責任」をとり、賠償責任は「無限責任」となっている。

「予見（測）可能性」は、事業者が相当な注意を払っていれば、多分損害発生はないだろうし、たとえ損害が発生しても、不可抗力であり、損害賠償の責任を負う必要はないといった論理で組み立てられてきた。

四大公害事件の熊本水俣病第一次訴訟（一九六九年）では、チッソの過失責任が最大の争点となった。メチル水銀の中毒事件は世界で初めてであり、チッソに「予見可能性」がなければ過失がないとして、裁判が長引いた。しかし、チッソが大規模な有機合成化学工場で、周辺が住宅密集地域なのに、産業排水の水質分析もしていないことなどから、チッソによる「安全確保義務」（結果回避可能性）が認められ、原告側の住民が四年後に勝訴している。

（さがら・くにお／科学ジャーナリスト）

リレー連載　近代日本を作った100人 25

大鳥圭介——近代日本の工業教育の父

高崎哲郎

村医者の息子、幕臣に栄進

大鳥圭介（おおとりけいすけ）は身長五尺（一メートル五〇センチ強）で少々短躯ではあったが、精悍な表情の眼光は鋭く、頭脳は明晰で行動力にも長（た）けていた。偉才ぶりは「全身これ胆（たん）」と驚嘆をもって受け止められた。「一身にして二世を経る」（福沢諭吉）といえる七八年の生涯であった。

大鳥は天保四年二月二五日（一八三三年四月一四日）、播磨国赤穂郡細念村小字石戸（現兵庫県赤穂郡上郡町岩木丙）の村医者大鳥直輔の長男として生まれた。備前国（現岡山県東部）の閑谷黌（しずたにこう）で漢学を学ぶ。赤穂の蘭方医中島意庵の内弟子となり漢学を捨て蘭学を学ぶ決意をする。

嘉永五年（一八五二）五月、蘭学を極めるため大坂（現大阪）に出て緒方洪庵の適塾で学ぶ。洪庵の助言もあり江戸に出て蘭学の研鑽に打ち込む。蘭学塾に学ぶが、洋書を通じて軍学や工学などの理工系の学問に強い関心を示し、幕府代官江川太郎左衛門の江川塾に兵学教授として招かれるまでになった。尼崎藩に兵学指導者として取り立てられ藩士となった。徳島藩士を経て同六年には幕府の蕃書調所（洋学研究所）の教授に推挙され兵学関連の洋書を相次いで翻訳する。洋学の知識を基に、日本で初の合金製活版を造る。幕府の海陸軍兵書取調方出役となり、陸軍所に出仕した後、正式に幕臣（旗本）に取り立てられた。異例の出世である。

慶応三年（一八六七）一月、幕府の正規兵・伝習隊の創設を知り、幕府勘定奉行小栗忠順（ただまさ）に依頼して参加した。歩兵頭並（佐官級）となり陸軍の育成や訓練にあたる。翌四年一月、歩兵頭（将官）に昇進した。鳥羽・伏見の戦い勃発後、江戸城での評定では小栗忠順らと共に交戦継続を強硬に主張した。陸軍指揮官である歩兵奉行に昇進する。運命は大鳥を戊辰戦争の旧幕府軍司令官にさせるのである。

江戸城開城の後、彼は伝習隊を率いて江戸を脱出し日光に向かう途中、栃木県内の小山や宇都宮などで薩長軍（西軍）と交戦する。福島県の母成峠（ぼなりとうげ）の激戦で大鳥軍は壊滅的な損害を受けたが、全滅は免れ、仙台に至った。幕府海軍を率いる榎本武揚と合流し、軍艦で蝦夷地（北海道）に渡って「箱館政権」の陸軍奉行となる。箱館戦争では果敢に戦術を展開したが追い詰められ明治二年（一八六九）五月、五稜郭で降伏した。東京に護送され〈敗軍の将〉として入獄した。

新政府で殖産興業を推進

明治五年（一八七二）一月、特赦により出獄が許された。四十歳。彼の新たな人生が開かれる。新政府は大鳥の才覚を必要とした。開拓使五等出仕を経て欧米先進国を視察する幸運に恵まれた。帰国後、工部省四等出仕となる。工学全般に精通した技術官僚として殖産興業政策の立案にあたる。工部省工作局長に抜擢されて官営工場を総括し、セメント、ガラス、造船、紡績などのモデル事業を推進した。内国勧業博覧会の審査員として国内産業の育成と普及に尽力した。アメリカのダム技術書を『堰堤（えんてい）築法新按』として翻訳しダム技術をいち早く紹介した。明治十年（一八七七）、高等工学教育機関である工部大学校が発足し校長に任命された。工部技監に昇進し勅任官にもなってテクノクラートとして最高位に栄進した。明治十八年（一八八五）十二月、元老院議官に就任し後に学習院と華族女学校の校長になる。

そして新政府の要請を受け外交官に転じた。明治二十二年（一八八九）六月、駐清国特命全権公使を拝命した。二十六年七月には朝鮮公使を兼任し翌年六月には朝鮮に赴任した。最高実力者の大院君に朝鮮の近代化を建言し、日清戦争開戦直前の困難な外交交渉にあたったが、公使を解任された。帰国後、枢密顧問官に転じる。明治三十三年（一九〇〇）五月、多年の功績により男爵を授けられる。明治四十四年六月、神奈川県足柄下郡国府津町の別荘で死去した。

（たかさき・てつろう／作家）

▲大鳥圭介（1833-1911）

大鳥圭介は天保4年2月25日（1833年4月14日）に生まれ、明治44年（1911年）6月15日に没した。享年78歳。江戸後期の西洋軍学者、幕臣、陸軍司令官であり、明治新時代の工学者、技術官僚、教育者、外交官で男爵となった。彼は幕末から明治時代という激動の嵐が生んだ〈負の側に立たざるを得なかった〉時代の申し子であった。新政府軍と旧幕府軍が激突した戊辰戦争で、〈敗軍の将〉となった大鳥は、不撓不屈の魂と和魂洋才の知識を武器に剣をペンに持ち替え、後半の生涯を遅れて近代化されつつあった日本の産業・工業の発展に捧げ、工学界の人材育成に尽力した。敗北の挫折や藩閥政治の壁を乗りこえて、近代日本の「工業教育の父」「高級外交官」としてよみがえった。

連載　今、世界は（第Ⅲ期）1

ナシオンが『民族』を食いつぶす

田中克彦

民族について論ずると評判が良くない。そんなことばを用いること自体が、学問的無知をさらけ出しているぞ、という視線に出会う。ここではその代表例として一つだけ掲げよう。

「民族などというものは、実際には存在しない。あたかも実体のある物のように扱われがちだが、本当は純粋に観念の産物である。」

（『岡田英弘著作集1』二〇六頁）

ほんとにそうだろうか。だとすれば今日、われわれが心をいためている、チベット人やウイグル人がなめているあの苦難は「民族問題」と呼ばれているが、その苦難の主体であるこれらの民族には実体がなく、単なる「観念」の産物にすぎないのだろうか。

さきの著者は、日本語の「民族」に対応する西洋語、たとえば「ナシオン」の訳語は、民族ではなく「国民」であるべきだと言う。つまり日本人は、このナシオン（国民）に、自家製の「民族」をあてて、用語の大混乱を招いたというのである。

フランス革命でナシオンが「国民」の意味を占有するよりずっと前、一六七〇年に、スピノザは、この語のラテン語 natio を次のように用いている。

「自然は民族（natio）を作らず、ただ個々の人間を創るのみであり、個々の人間が言語、法律並びに風習の相違によって始めて民族（natio）に区別されるのである。」（『神学・政治論』）このナツィオは明らかに「国民」ではなく、われわれの言う「民族」を指している。

フランス革命は、フランス語以外のあらゆる言語は、人間の理性の宿らない非言語（ジャルゴン）だとした上で、それを用いる人間は、理性をそなえぬ非人間だとして排除し、フランス人のみがナシオンであるとした。こうしてフランスには「民族」はいなくなったのである。

日本人はこの矛盾を見破って、「民族」ということばを創出した。これからは、世界の学会はこぞって、ネイションのほかに「ミンゾク」を学術用語として採用し、この用語の混乱に決着をつけるべきだ。

（たなか・かつひこ／言語学）

■新連載・花満径　1

幸田露伴の「国民」

中西 進

近代国家における「主権在民」の理念は、夢ほどにはかなく尊い。そう思う中で関谷博氏の「幸田露伴の〈国民〉――『土偶木偶』と『普通文章論』――」（『藤女子大学国文学雑誌』九三号）に出合ったことはうれしかった。

氏はこの論文の中で、露伴の著述『普通文章論』（博文館、一九〇八年）が「〈国民〉創造のための、文学者露伴の生涯にわたる種々様々な試みの一つであった」とする。

この国民の創造は、文章に限られない露伴生涯の試みではないか。

じつはわたしは露伴の名作『五重塔』（一八八七年）について「塔を成さしめた上人」と題する小エッセイを書いたことがある（『ひととき』二〇一〇年一二月号、ウェッジ）。

『五重塔』といえば、のっそり十兵衛が風雨にも耐える五重塔を造るまでの経緯を語った小説と思われがちだが、主題はそこにはない。

完成後、上人が書いた棟札に「江都の住人十兵衛これを造り、川越源太郎これを成す」とあるように、新しい国家観を寓意した小説だというべきである。

この、造る者とその上にいる成す者こそが国民であり、さらに上に、あえて上人と呼ぶ朗円上人がいる。まさに上御（かみご）一人（いちにん）といってもよい天皇の暗喩である。

造る者は国家構造の末端の生産者だが、これもすべからく成す者でなければならない。これは今しも小説家として出発しようとしている、露伴自身への誡めであり、理想的な国民像だったのである。

まさしく五重塔はそびえ立つ新国家の象徴であり、それを支える国民創造のための一つの提言が小説『五重塔』であった。

関谷氏は、平易、明確、貼実（ちょうじつ）を国民の文章の理想とし、文章にこめるべきものとしては親切、真率、品位を、露伴が作者に求めていたことを紹介する。これこそ「主権在民」の国民の在り方とひとしい。

現実の、国民の一人たる主権者、以って如何となすや。

（なかにし・すすむ／国文学者）

〈連載〉生きているを見つめ、生きるを考える⑬

常識を変え続ける生きもの

中村桂子

日常会話では、そんなの常識でしょと軽くいなされたり、なんと常識はずれなと非難されることがよくある。しかし生きものを見ていると、常識って何だろうと思うことがしばしばある。

私たちは、一気圧の大気の中で酸素を呼吸して暮らしている。温度も二〇℃あたりが適温、太陽の光も欲しい。そこで、この条件からひどくはずれたところには生きものはいないだろうと思ってしまう。

その一つが深海である。実は、十九世紀末に、水深二〇〇〇メートルもの海底から引き上げた電信ケーブルにサンゴや二枚貝が付着していたことから、深海にも生きものはいるらしいとわかった。前述の常識は一〇〇年以上前から疑われてきたのである。しかし、深海の研究は難しく、明確な結果を出すことができないまま時がたった。

近年、深海用の有人潜水調査船が建設できるようになった（現在世界で七隻ある）。日本も一九八九年に「しんかい六五〇〇」をつくり、以来一四〇〇回もの潜航で成果をあげている。テレビで、エビ、カニ、イソギンチャク、サンゴなどの写真をごらんになった方も多いだろう。最初は信じられなかったが、今や、深海に地球表面とは異なる生態系が存在することは常識になった。その中で、インド洋中央海嶺（水深二〇〇〇～三〇〇〇メートル）にある熱水活動域にメタンや硫化水素を利用する微生物を共生させる生物群が見出された。高圧のため水温四〇〇℃にもなる。この種の微生物は地球上に最初に誕生した生物の仲間と考えられ、しかもここは水素濃度が高い。初期の地球大気は水素と二酸化炭素が主体であったので、ここは生命の起源を知るのに適した場と考えてよい。

実験室での研究も大事だが、三八億年前とされる生命誕生を自然の中で解明できる可能性には特別の魅力がある（地球外からの飛来も否定できないが、科学としては、地球上での誕生を探る方が実りが多い）。新しい常識が生れ、新しいことが見えてくる。これだから研究は止められないのである。

（なかむら・けいこ／JT生命誌研究館館長）

新連載　1

力ある存在としての女性

メアリー・ビーアドとは？

三砂ちづる

女性が抑圧されている、というのは、つくりあげられたストーリーである。女性は歴史を通じて常に力ある存在で、抑圧されて、力ない存在にされていたことなど一度たりともない。長い年月、女性はずっと男性の下に、劣った存在であった、などという世間で当たり前のように言われている考えこそ、まさに挑戦していきたいことといえる……。一九四六年に出版された『歴史における力としての女性』"Women as Force in History"において、メアリー・ビーアドはこういうのである。

二十世紀から二十一世紀にかけては、女性解放の時代であった。抑圧され、差別されてきた女性がそのくびきからぬけだし、自由で解放された生き方を選べるようになるのが人類史の方向性である、という了解は、世界中であったし、それに反対するのは、「反動的」なことである、という了解もまた、共有されていた。理不尽な暴力や、一方的ないじめや虐待が許されてよいはずはなく、それが許されないのは誰に対しても同じで、もちろん女性に対しても許されない。しかしそれと「女性が全て抑圧されてきた」ということは、同じ話ではない。メアリーはそういうのか。

歴史家、メアリー・ビーアド（Mary Ritter Beard）は、一八七六年八月五日インディアナポリスで六人きょうだいの三番目として生まれる。十六歳で家をはなれ、インディアナ州アズベリーにあるデポー大学に進学、政治学、語学、文学などを学ぶ。一八九七年に卒業し、一九〇〇年にデポー大学で出会ったチャールズ・ビーアドと結婚、ふたりともアメリカでは高名な歴史家であり、共著も多い。チャールズとメアリーはお互いに影響を与え合ったといわれるが、実は様々な意味でメアリーのほうがチャールズに深い影響を与えていたのではないか、といわれる。そのメアリーの主著が、冒頭の『歴史における力としての女性』なのだ。

日本の戦後占領時代の女性政策にも、大きな影響を与えたと言われるメアリー・ビーアド。メアリーの主著を中心に、その姿に迫ってみたい。

（みさご・ちづる／津田塾大学教授）

連載　女性雑誌を読む　96

北村美那子
――『女の世界』50

尾形明子

北村美那子

一九二二(大正十)年二月『女の世界』七巻二号に「誘惑と戦って廿余年の独身生活――若き未亡人は相当な配偶者に再婚せよ」と少々センセーショナルな題をつけたエッセイが載る。筆者は北村美那子。一九八五(明治二十五)年二月、二回に分けて『女学雑誌』に掲載された北村透谷「厭世詩家と女性」のヒロインである。

「恋愛は人世の秘鑰(ひやく)なり」とはじまる評論は、明治二十年代の若者を熱狂させた。神奈川自由民権運動の中心にいた石阪(坂)昌孝の長女美那と透谷はその直後に結婚生活に入る。プラトニック・ラブの到達点としての結婚であり、長女も生まれるが、豪農の家に生れ高い教育を受けて育った美那と小官吏の父親、タバコ屋を営む母親に育てられた透谷ではあまりに生活感覚が異なっていた。家庭内のトラブルに加えて「近代的自我」を打ち出しながらも、彼を取り囲む旧世代との戦いに疲れ果てた透谷は、一八九四年五月、二十五歳の命を絶った。島崎藤村『桜の実の熟する時』『春』に詳しく描かれている。

二十九歳の美那は、麻布基督教会の日本語教師になり、やがて一八九九(明治三十二)年、長女を透谷の両親に託して渡米する。インディアナ州のユニオン・クリスチャン・カレッジに入学、さらにオハイオ州のデファイアンス・カレッジで神学・文学・音楽を学び、バチェラー・オブ・アーツ(文学士)の称号を得て、一九〇七(明治四十)年に帰国した。豊島高等師範や教会、自宅で英語教師をしながら家族を養った。

『女の世界』の本稿執筆時は五十六歳。「未亡人の苦しみ悶え」はすべて、過剰な「貞操」観念と「世間のあまりの干渉」から生じる、として、再婚こそが「一番適切な処置」だと書く。ストイックに勉学に励んで生きてきた自らの人生を振返っての実感だったのだろう。

来日したM・サンガー夫人の通訳をしたり、東京府立品川高等女学校等の英語教員として七十二歳まで勤め、一九四二(昭和十七)年、老衰のため七七年の生を終えた。透谷の三倍の人生を職業婦人として生きた石阪美那の生涯を、江刺昭子が丹念に追って『透谷の妻』(日本エディタースクール出版部)にまとめている。

(おがた・あきこ/近代日本文学研究家)

■〈連載〉沖縄からの声　10

小善大悪

川満信一

『沖縄タイムス』（三月八日）の論壇投稿を読みながら、「小善大悪」という言葉が思い浮かんだ。良かれと思ってしたことが、結果として大悪を招くという事例は、日常にも歴史上にもままあることである。方法や手順を誤ると、思わぬ結果を招くことは確かだ。投稿者は九州大学大学院生で「本土に沖縄の基地を引き取る福岡の会」の活動者だという。

現在の安倍政権とそれを支える日本国民の「情況的不感症」に対する誠実な批判と苛立ちは良く理解出来る。「七〇年以上も犠牲を強いてきた沖縄を日米同盟の最前線にすることはもうやめなければならない。「日本人」として「沖縄人」と対等な関係で出会い直したい。だから私たちは引きつづき引き取り運動を続けていく」という主張である。「安保に基地が必要なら、本土に持って行け」という意見は沖縄側にも強い。これは国民の「情況的不感症」に対する怒りとしては正当である。

去る一月の宜野湾市長選挙では、安倍自民党が推す佐喜眞淳候補が当選した。「それ見ろ、知事のオール沖縄なんて看板だけ、沖縄は辺野古新基地を容認している」と得意顔のコメントがされていた。一方、負け組の市民の一人は、自棄酒を呑んで「申し訳ない、恥ずかしい」と呂律の廻らぬ電話をしていた。集団的自衛権とか憲法改悪を企む安倍自民党が「オールジャパン」でないように、「オール沖縄」も看板どおりではない。

宜野湾市長選挙の結果は、市民の選択の健全性と読み取るほうが理にかなっている。「普天間基地は世界一危険」というのは市民の日常意識であり、「即時撤去」がのぞましい。しかし沖縄戦の体験は生々しく、もう戦争に巻き込まれるのはごめんだというのも本心。つまり辺野古新基地造成にも反対である。

さて、そこへどちらかを選択せよ、と迫られたら投票用紙を二枚くれということにしかならない。おそらく辺野古基地賛成か否かを問うたら、宜野湾市民は圧倒的に「否」と選択するだろう。基地を引き取るという小善と国家の軍事化を強化する大悪についても考えなければなるまい。

（かわみつ・しんいち／詩人）

三月新刊

最高傑作、ついに完訳

黒い本

O・パムク　鈴木麻矢訳

文明の交差路、イスタンブールの街で、突如行方をくらました妻を追うガーリップを、いとこの新聞記者ジェラールのコラムが導く。ミステリーの形式を踏襲しながら、多彩な語りをコラージュさせて描く、パムク個人のイスタンブール百科事典であり、イスタンブールの『千夜一夜物語』。

四六変上製　五九二頁　**三六〇〇円**

「写真」と「放送」の過去・現在・未来

レンズとマイク

永六輔・大石芳野

「ぼくは写真嫌い。…なのに大石さんの写真にはよく入ってる。」

一九七〇年代、永六輔さんが国内外を旅する姿や、小沢昭一さん、野坂昭如さんらとの交流シーンを収めた、大石芳野さん撮影の貴重な写真を八八点収録。四〇年以上の交流から語り合う、「写真」と「放送」の過去・現在・未来。

大石芳野撮影の永六輔写真多数収録。

B6上製　二四八頁　**一八〇〇円**

満洲人皇帝のモンゴル遠征記

岡田英弘監修
宮脇淳子・楠木賢道・杉山清彦編

〈清朝史叢書〉

大清帝国隆盛期の実像

第四代康熙帝の手紙から *1661-1722*

岡田英弘

大清帝国の基礎を築いた康熙帝が、三度のモンゴル遠征のたびに、北京の皇太子に送った愛情溢れる満洲語の自筆の手紙を紹介しながら、当時の東アジア全体を見渡す歴史絵巻を展開！『康熙帝の手紙』改題、再版。

四六上製　四七二頁　**三八〇〇円**

アルバニアが生んだ鬼才の半生

ひとりヴァイオリンをめぐるフーガ

T・パパヴラミ　山内由紀子訳

幼少時に才能を見出されながら、両親と共に亡命を余儀なくされるが、ヴァイオリンひとつで世界への道を拓き、現在は俳優・作家としても活躍する鬼才が、自ら綴った前半生。故郷、家族、友情、初恋、読書……波乱のなかでもたくましく生きる少年の成長のストーリー。

カラー口絵

一六頁　自演奏10曲QRコード入

四六上製　三六八頁　**四六〇〇円**

読者の声

龍馬の遺言■

▼小生、龍馬関係書だけで二〇〇冊を越しておりますが、若者（小美濃氏）の熱心な取材に敬意を表したいと思います。おかげで実像に近づけたような気がしました。

（福井　越前龍馬会　**保田實**　76歳）

トッド　自身を語る■

▼個々のトッドの著作を読むだけでは分からない彼の全体像に接近できる有力な書でした。ISやFN進出という進行中の問題への発言は貴重なものでした。

　解説で「重大な意味を孕む」とされた原子力に関する「小児症の概念」（一五六頁）は、もう一歩突っ込んで、その具体的内容を語ってほしいところでした。

（千葉　大学非常勤講師（東京理科大）　**内山眞**　71歳）

▼トッド氏の本は何冊も出ていて、読みたいと思っておりましたが、このたび『トッド　自身を語る』が出て、「これだ」と思って書かれている内容がとても気に入ったのです。三神万里子さんが書かれた、東北の被災地のために日本に来て下さったというくだり、涙が出ました。

　私達はこれからトッド氏と、心をひらいて、手をとりあいながら生きて行くのかと思います。読んでいて、ピカッと、何か頭の中で感じるものがあり、すご～いと思います。

（北海道　**秋元博子**　67歳）

▼目下のパリ同時テロ以後のオランドの動きも気になり、一気に読んでしまいました。

　「ゾンビ・カトリック教」を背景にし、トッドの点は辛いですね。

　三神氏による東北被災地案内の着眼点が素晴しく、トッドの切り口も鋭すぎます（一六〇頁、パリア再生産の可能性など）。

　『家族システムの起源』邦訳が待たれます。

（千葉　江戸川大学名誉教授（社会学）　**高山眞知子**　75歳）

古代の日本と東アジアの新研究■

▼上田名誉教授の多年に亘る取組がみごとに結集されている。古代の日本と東アジアの新研究に敬意を表する。

（神奈川　ジャーナリスト　**橋本明**　82歳）

▼井上光貞先生の次に信用している研究者、上田先生は式内社の宮司をなさり神職として最高位にある方、神道について内側からの論考がほしい。歴史学者の外側からの論考は必要ない、一番大切なのは神道の内側から。ぜひ出版して下さい。

　上田先生に神道の本質をぜひ、出版して下さい。

（神奈川　**古要祐慶**　79歳）

プーチン■

▼プーチンの背景がよくわかった。東ドイツについて興味があるので、同分野についての出版を望む。

（京都　公務員　**星奈一将**　34歳）

人類最後の日■

▼私は『人類最後の日』を読みましたが、自然が変化して、生物が減少したと思いました。自然を再生することには、四年一〇か月が過ぎようとしている東日本大震災によるものもあるであろう。日本という国のあきらめない心。私も赤い羽根募金や歳末たすけあい募金をさせてもらいました。私の地域の自然破壊は大雨によりおこり、土砂はくずれ、木は倒れ、道路も通れなくなる事態になってしまう。現在の自然を守らなくてはと、本書を読ませてもらいましたが、継続する感謝の心を忘れてはならないと自戒するよう。

（栃木　会社員　**大嶋忠**　44歳）

幻滅■

▼本書の中で、「日本は、論争の趣味がない、知的砂漠になってきた」（二二六頁）というのが印象的だった。著者の主張には疑問のある箇所がいくつもあるが、そうした正面きった知的格闘を喚起することこそが著者の狙いかもしれない。この本が黙殺されること自体の危険性を私は感じている。

（京都　医師　**松成亮太**　33歳）

時代が求める後藤新平■

▼各界識者が多面的に描かれ、後藤新平像が垣間見えた様に思う。

「自治の三訣」

「人を遺す者こそ上品の人」

（福岡　自営　**田中好純**　68歳）

森と神と日本人■

▼上田先生のものはいずれも深い学識と合わせて、柔軟な考え方がうかがえて、非常に楽しく、有意義に読ませていただいております。

（長崎　農業　**山崎雄士**　67歳）

花の億土へ／葭の渚■

▼昨秋（十月）「花の億土へ」のドキュメンタリー映画を見に行き、くいいる様にみた画面の石牟礼道子さんと、不知火海の美しい映像に心が洗われました。おだやかな語り口でしたが、毒死列島に対する並々ならぬ、憤りと哀切が伝わってきました。

『花の億土へ』『葭の渚』二冊を購入し、繰返し愛読しています。天草出身の私は、以前より大ファンで、これから一冊ずつ石牟礼さんの著書を増やしていきます。

（福岡　主婦　**佐藤和子**　74歳）

金子みすゞ　心の詩集■

▼以前、テレビで、みすゞさんの詩が、放映され、いっぺんに好きになり、この他の三冊を購入しました。家の近くには、本屋さんは無く、電車で行かなくてはなりません。でも、売ってない所が殆んどで、今回も、やっと見つかりました。ですから、外出した時に捜し購入します。ですから、沢山出して下さい。

（京都　主婦　**河原豊子**　65歳）

ジョルジュ・サンド　セレクション
歌姫コンシュエロ㊤㊦■

▼ボヘミアの宗教改革史をフランス人作家を経由して知ることができたのは意外でした（ボヘミアにおける聖体拝領の意味〔㊤六〇八～九頁〕など）。十九世紀の小説は面白い！　バルザック、ゾラ、サンドと来たら、つぎはウォルター・スコットおねがいします。

（京都　**兼田博**　62歳）

パリに死す■

▼不思議な縁で、貴社の「一九九六年十一月十日初版第二刷」の『パリに死す——評伝・椎名其二』を拝読致しました。

ひとりの人生において、この人程の生き方がいかに可能となったのか、読了後、大きな溜息をつく程の一冊でありました。農業に従事し、ファーブル昆虫記の翻訳を手がけ、装丁職人として異郷にとどまり、一流の絵画・文学・哲学の一流の人々と交流し、精神的な支柱となる〈個〉としての強さ。一九七〇年代初頭、哲学者・森有正氏の単行本が書店に並び、私も触れてみました。その森氏が、椎名氏の住居を度々訪れて教示を受けていたことを初めて知りました。

この一冊、再版する価値があると思うのですが、いかがでしょうか。最近、椎名氏のような気骨ある知識人が皆無であるが故に、です。

著者の蜷川氏の他の著作がありましたら、ご教示下さい。

（埼玉　**山川貫司**）

※みなさまのご感想・お便りをお待ちしています。お気軽に小社「読者の声」係まで、お送り下さい。掲載の方には粗品を進呈いたします。

書評日誌（二・一〜三・一八）

【書】書評　【紹】紹介　【記】関連記事
【TV】紹介、インタビュー

二・一　【書】芝蘭会報（187号）「米軍医が見た占領下京都の六〇〇日」（「京大研究者らの熱い思いに感動」／小泉昭夫）

二・四　【紹】日本経済新聞「佐野碩―人と仕事」（「文化往来」／「メキシコ演劇の父・佐野碩の生涯に再び光」）

二・一三　【記】毎日新聞［石牟礼道子］（「くらしなび・ライフスタイル」／「作家・石牟礼さんの対談特集を掲載」『婦人之友』2月号」）

二・一四　【紹】朝日新聞「アルメニア人の歴史」（「アルメニア人の3千年」）

二・一六　【記】東京新聞「機」（二〇〇六年一二月号）（「本音のコラム」／「徴兵拒否のすすめ」／鎌田慧）

二・一九　【書】週刊読書人「文学の再生へ」（「現在の問題意識に緊密に結びついている戦後史遡及の作業」／佐藤泉）

二・二〇　【書】週刊東洋経済「トッド　自身を語る」（「示唆に富む歴史観に裏打ちされた冷静さ」／中沢孝夫）

二・二二　【紹】日本医事新報（No.4791）「米軍医が見た占領下京都の六〇〇日」

二・二三　【記】日本経済新聞（夕刊）［石牟礼道子］（「語る」／「石牟礼道子さん　名もなき人が『峠』を越えてゆく」）

二・二三　【記】産経新聞（夕刊）「米軍医が見た占領下京都の六〇〇日」（「占領下　変わらぬ京の風景」／「米国人医師、カラー撮影」）

二・二四　【記】JCASTトレンド（ネットニュース）［トッド］

【記】京都新聞（夕刊）［尹東柱］（「描かれた大学　そして今⑤」／「ハングルで紡ぎ続けた　祖国への愛」／「残された同志社時代の作品」／永澄憲史）

二・二九　【記】毎日新聞（夕刊）［トッド］（「毎日21世紀フォーラムから」／「テロとフランス」／「移民増　崩れた政教分離」／鹿島茂（まとめ・篠田直哉））

二月号　【紹】みすず「二〇一五年読書アンケート」（「「歴史」の体制」（キャロル・グラック）「石牟礼道子全集」（花崎皋平）「「フランスかぶれ」の誕生」（阿部日奈子）「主体としての「からだ」」（セレクション竹内敏晴の「からだと思想」）」（廣瀬浩司）「身体はどう変わってきたか」（澤田直）「まなざし」（鈴木了二）「幻滅」（伊佐眞一））

二月号　【紹】クレヨンハウス通信（vol.421）「まなざし」（刈屋琢）

【紹】サライ「フランスかぶれ」の誕生」（「文人たちはなぜフランスに憧れたのか」）

【紹】日本写真協会会報PSJ（464号108巻）「戦争は終わっても終わらない」（堀瑞穂）

三・三　【紹】週刊文春「中世と貨幣」（「私の読書日記」／「中世における貨幣、マルク・ブロック、松山俊太郎」／鹿島茂）

三・七　【書】公明新聞「近代日中関係の旋回」（「『師から敵』『敵から友』へ」／川島真）

三・一六　【記】週刊朝日「福島FUKUSHIMA　土と生きる」（「『フクシマ』の表情」）

三月号　【紹】フィガロジャポン（no.477）「いま、君に詩が来たのか」（「アカデミー賞・グラミー賞・ノーベル文学賞レース、大予想。」／「人類の理想を目指す、傑出した文学者とは？」／都甲幸治）

五月新刊

＊タイトルは仮題

人類学者としての集大成！

家族システムの起源 Ⅰ ユーラシア 上

エマニュエル・トッド

石崎晴己監訳 片桐友紀子・中野茂・東松秀雄・北垣潔訳

四〇年に及ぶ家族構造研究の成果と、二〇年以上もの家族類型の調査に基づく、人類学者としてのE・トッドの集大成。第Ⅰ巻はユーラシア地域（メソポタミア・古代エジプトまで遡り、中国、日本、インド、東南アジア、ヨーロッパ、中東の各地域）を扱い、原初的な家族類型は核家族であることを突き止める。**図版多数**

生誕百年、没十年記念

別冊『環』㉒ ジェイン・ジェイコブズの世界 *1916-2006*

不朽の名著『アメリカ大都市の死と生』で二十世紀の都市計画思想を転換させたジャーナリスト、市民活動家として生涯を在野に生きたJ・ジェイコブズ（1916-2006）の全体像に初めて迫る。〈寄稿〉片山善博／塩沢由典／中村仁／平尾昌宏／宮崎洋司／五十嵐太郎／間宮陽介／佐々木雅幸／山形浩生／矢作弘／大西隆／管啓次郎／槇文彦／山本俊哉 ほか

〝上田史学〟の内実。生前最後の遺作！

古代史研究七十年の背景

上田正昭

先月急逝された上田正昭氏が、渾身の力で生前に準備した、最後の著書。常に朝鮮半島、中国など東アジア全体の中で日本古代史の実像を捉え、様々な学問との横断を辞さず、差別に抗する歴史観を構築してきた自らの人生の足どりを、研究生活七十年を経て、つぶさにたどり直す。人権問題の考察、中央史観の克服、生涯学習・女性学、海外渡航など。

シルクロードを徒歩でゆく旅、第二弾

サマルカンドへ ロング・マルシュ 長く歩く 2

ベルナール・オリヴィエ

内藤伸夫・渡辺純 訳

トルコ〜イランの国境手前で引き返さざるをえなかった、前回の旅。倒れた地点から、サマルカンドを目指す旅の続きが始まる。イラン、トルクメニスタンを経てウズベキスタンへ、民族の攻防が続く地帯でありながら、変わらぬ好意に支えられ、時には危険を感じながらも旅は続く。

4月の新刊

タイトルは仮題、定価は予価。

別冊『環』㉑
ウッドファースト！ ＊
建築に木を使い、日本の山を生かす
上田篤編
菊大判 四一六頁 カラー口絵一六頁 三八〇〇円

「大正」を読み直す ＊
幸徳・大杉・河上・津田、そして和辻・大川
子安宣邦
四六上製 二六四頁 三〇〇〇円

多田富雄のコスモロジー ＊
科学と詩学の統合をめざして
多田富雄
藤原書店編集部編
四六判 二七二頁 二二〇〇円

心に刺青をするように ＊
吉増剛造
A5変上製 三〇八頁 四二〇〇円

自分を信じて ＊
佐藤初女・朴才暎
四六上製 二〇八頁 カラー口絵八頁 一八〇〇円

5月刊予定

家族システムの起源
I ユーラシア（上） ＊
E・トッド 石崎晴己監訳
片桐友紀子・中野茂・東松秀雄・北垣潔訳

好評既刊書

別冊『環』㉒
ジェイン・ジェイコブズの世界 1916-2006 ＊
片山善博／塩沢由典／中村仁／平尾昌宏
玉川英則／槇文彦／間宮陽介／宮崎洋司

古代史研究七十年の背景 ＊
上田正昭

サマルカンドへ ＊
ロング・マルシュ 長く歩く 2
B・オリヴィエ 内藤伸夫・渡辺純訳

〈清朝史叢書〉監修・岡田英弘
大清帝国隆盛期の実像 ＊
第四代康熙帝の手紙から *1661-1722*
岡田英弘
四六上製 四七二頁 三八〇〇円

レンズとマイク ＊
永六輔・大石芳野
B6上製 二四八頁 写真八八点 一八〇〇円

黒い本 ＊
O・パムク 鈴木麻矢訳
四六変上製 五九二頁 三六〇〇円

ひとりヴァイオリンをめぐるフーガ ＊
T・パパヴラミ 山内由紀子訳
四六上製 三六八頁 カラー口絵一六頁 自演奏一〇曲QRコード入 四六〇〇円

台湾と日本のはざまを生きて
世界人、羅福全の回想
羅福全 著 陳柔縉 編著
小金丸貴志 訳 渡辺利夫 序
四六上製 三五二頁 カラー口絵一六頁 三六〇〇円

岡田英弘著作集（全8巻） 第七回配本
7 **歴史家のまなざし**［附］年譜・全著作一覧
月報＝楊海英／志茂碩敏／斎藤純男／タチアーナ・パン
四六上製布クロス製 五九二頁 口絵二頁 六八〇〇円

〈清朝史叢書〉監修・岡田英弘
海賊からみた清朝
十八〜十九世紀の南シナ海
豊岡康史
四六上製 四〇八頁 図版多数 四六〇〇円

これからの琉球はどうあるべきか
大田昌秀／安里英子／安里進／伊佐眞一／海勢頭豊／川満信一／我部政男／三木健
藤原書店編集部編
四六判 三四四頁 二八〇〇円

アルメニア人の歴史
古代から現代まで
G・ブルヌティアン
小牧昌平監訳 渡辺大作訳
A5上製 五二八頁 カラー口絵一六頁 八八〇〇円

＊の商品は今号に紹介記事を掲載しております。併せてご覧戴ければ幸いです。

書店様へ

▼1／24(日)『朝日』「情報フォルダー」欄や2／4(月)『日経』「文化往来」欄での絶賛紹介に続き3／13(日)『読売』で**『佐野碩 人と仕事』**（**菅孝行編**）が松山巌さんに絶賛紹介！「本書の特色はこれまでさほど明らかにされていなかった彼のソ連、アメリカ、そしてメキシコでの活動内容を明らかにした点である」。（松山巌氏）
▼3／11(金)『産経』オピニオン面「うたかたの宝石箱」欄で「杉原千畝動かした『校訓』 後藤新平の自治三訣」の記事が掲載。「先の大戦中、ナチス・ドイツの迫害から逃れてきた多くのユダヤ人を救った外交官、杉原千畝。その生涯を描いた映画『杉原千畝 スギハラチウネ』の中に『自治三訣』の言葉が何度も出てくる。満鉄の初代総裁、東京市長や外相、ボーイスカウト日本連盟の初代総長を歴任した後藤新平がモットーとして好んで使った言葉である」。
▼『週刊朝日』3／18号の巻頭カラーページで**大石芳野『大石芳野写真集 福島 土と生きる』**が六頁にわたり大きく紹介！
（**営業部**）

「ウッドファースト」シンポジウム

東京
【日時】五月一〇日（火）13時半～17時
【場所】新宿明治安田生命ホール
大阪
【日時】五月二三日（月）13時半～17時
【場所】大阪木材仲買会館（西区南堀江）
＊お問合せは藤原書店内の「係」まで。

岡部伊都子さんを偲ぶ集い

二〇〇八年に亡くなった随筆家岡部伊都子さんを偲ぶ毎年恒例の命日の集い。
【日時】四月二十九日（金・祝）
【場所】聖護院門跡（京都）
【会費】八千円
＊お問合せは藤原書店内の「係」まで。

出版随想

▼「人生は旅である」と先人は言ったが、先月は、九州・関西、沖縄に行く機会があった。九州は、水俣・熊本に。水俣では、胎児性の患者さんたちと久しぶりにゆっくり会うことができた。母親の胎盤を通じて有機水銀が入り水銀に侵されて生まれてきた人たちである。今は亡き原田医師によって明らかにされた。水俣で生活していた普通の人々に、或る日有毒物質が襲いかかった。彼ら胎児性の方々と接していると、今のわが身を問われている気がする。石牟礼道子は、新作能「不知火」で、最後にこの地球上のあらゆる毒をのみ込んで果てる姉弟の姿を描いた。緒方正人は、チッソ本社前で座り込みをしている間に、「チッソはオレだ」と天からの悟りに開眼し本願の会を作った。今もその会は続いている。

▼われわれは、長い時間をかけてこの地球上に文明なるものを作ってきた。しかし今、この文明が問われている、危機にさらされている。つまり、今やこの文明はわれわれの手の遠く及ばないものに変質してしまったからだ。勿論この文明を作ってきたものは人間なのだから人間に責任はあることだが。人間はいつのまにか〝分業〟という便利なことを考えた。作る者と使う者の分業、作る者の中の分業、使う者の中の分業……。この果てしない分業の中で、「責任」は誰にあるのかもわからなくなってしまった。しかも、〝民主主義〟というすばらしい制度を作り上げ、誰も責任を取らなくてもいいことになった。しかも日本の場合、選挙や多数決がこの制度を支えることになり、〝民主主義〟を標榜することですべて認めざるを得ない現象を生んでしまった。

▼問題は、現在のあらゆる問題はすべて根がつながっていることを自覚し、一人一人が自治的自覚にめざめることから出発するしかないのではないか。先日、某紙に、「杉原千畝と後藤新平」の大きな記事が掲載されていた。あの戦時中、多くのユダヤ人を逃がしたことで近年知られ、映画にもなった杉原氏は、実は、後藤新平が作ったハルピン学院の出身で、そのハルピン学院では、毎日、後藤新平が提唱した「自治三訣」が唱和されたという。「人のおせわにならぬやう　人の御世話をするやう　そしてむくいをもとめぬやう」。この「自治三訣」を自分の座右の言葉として杉原は生きた、と。今われわれが大切にしなければならないのは、この百年前に作られた「自治三訣」の元に、生きることではないかと思う。（亮）